CHRISTOPH ULRICH

Kontraste im Pfaffenwinkel

66 LIEBLINGSPLÄTZE
und 11 Mal Abkühlung

CHRISTOPH ULRICH

Kontraste im Pfaffenwinkel

GEISTLICHKEIT UND GENUSS

GMEINER KULTUR

Bis auf die folgenden stammen alle Bilder vom Autor:
Christoph Schneider 10-11, 22, Gabriele Zelisko 12, 14, 16, 169, Werner Böglmüller 24, Maxbrauerei Altenstadt 26, Trachtenverein »Ammertaler« Bayersoien 44, Daniela Bloechinger, Ammergauer Alpen 48, Maximilian Maar 72, Manuel Tafertshofer 80, Ulrike Fischer 94, 130, FLM Glentleiten, Flachsanbau vor der Systembauhalle aus Warngau, (C) Heike Inanger 126, Gerry Meyer 136, Archiv Freilichtmuseum Glentleiten, Foto: Nixdorf. 156, Tourist Information Kochel 158.

Autor und Verlag haben alle Informationen geprüft. Gleichwohl wissen wir, dass sich Gegebenheiten im Verlauf der Zeit ändern, daher erfolgen alle Angaben ohne Gewähr. Sollten Sie Feedback haben, bitte schreiben Sie uns! Über Ihre Rückmeldung zum Buch freuen sich Autor und Verlag: lieblingsplaetze@gmeiner-verlag.de

Besuchen Sie uns im Internet:
www.gmeiner-verlag.de

Im Ehnried 5, 88605 Meßkirch
Telefon 07575/2095-0
info@gmeiner-verlag.de

1. Auflage 2015

Lektorat: Claudia Reinert
Satz: Mirjam Hecht
Bildbearbeitung/Umschlaggestaltung: Alexander Somogyi
unter Verwendung eines Fotos von Christoph Schneider, Steingaden
Kartendesign: Fenja Fecht
Druck: AZ Druck und Datentechnik GmbH, Kempten
Printed in Germany
ISBN 978-3-8392-1709-2

Der Pfaffenwinkel – von Westen nach Osten

1 Sagenumwobener Aussichtsberg mit reicher Geschichte ///
Bernbeuren – Auerberg 13

2 Erstaunliche Perspektiven vom Kanu aus ///
Lech zwischen Lechbruck und Schongau 15

3 Das alte Rom ist eigentlich nicht weit ///
Via Claudia Augusta 17

4 Am Wasser entlang, der Geschichte auf der Spur ///
Schwabsoien – Mühlen 19

5 Auf den Spuren einer kleinen Eisenbahn ins Allgäu ///
Radtour um Sachsenried herum 21

6 Ein Moment der Stille im UNESCO-Weltkulturerbe ///
Steingaden – Wieskirche 23

7 Ein aufgeschlagenes Buch der Kunstgeschichte ///
Steingaden – Welfenmünster 25

8 Liebling, ich geh' jetzt zum Bierbrauen! ///
Altenstadt – Maxbrauerei 27

9 Romanische Rarität im barockgeprägten Pfaffenwinkel ///
Altenstadt – Basilika 29

10 Trutziger Schutz und schöne Aussichten ///
Schongau – Stadtmauer 31

11 Guckloch in den mittelalterlichen Pfaffenwinkel ///
Schongau – Altstadt 33

12 Jugendstil und neues Bier ///
Schongauer Brauhaus 35

13 Genüsse und Kulturkino unter einem Dach ///
Schongau – Lagerhaus 37

14 Vom gestiefelten Kater zum gesattelten Pony ///
Schongau – Märchenwald 39

15 Erlebnis Lernen: Unterhaltsames Ökosystem Wald ///
Peiting – Walderlebnispfad 41

16 Dämonen und Heilige ///
Bad Bayersoien – Johannifeuer 45
17 Die Schnalz: Eine Wildnis, umgeben von Kulturlandschaft ///
Ammertal zwischen Peißenberg und Rottenbuch 47
18 Von den Vorzügen des schwarzen Schlamms ///
Bad Bayersoien – Moor 49
1/11 Schnell auf angenehmer Badetemperatur ///
Böbing – Lugenauer See 51
19 Ein hoch gelegener Grenzort mitten im Pfaffenwinkel ///
Hoher Peißenberg 53
Ist das Wetter wirklich schöner, Herr Kronier? ///
Das Wetter im Pfaffenwinkel 56
20 Tor zu einer anderen, ruhigeren Welt ///
Kloster Wessobrunn 59
21 Schönheit an der Quelle ///
Wessobrunn – Pfarrkirche St. Johann Baptist 61
22 Uralte Gerichtsbäumen und eine Flatterulme ///
Baumgeschichten-Radweg 63
23 Entspannung ist reiner Eibennutz ///
Paterzell – Naturschutzgebiet Eibenwald 65
24 Schöner Verlust der Bodenhaftung ///
Paterzell – Flugplatz 67
25 Glück mit der Pechkohle ///
Peißenberg – Bergbaumuseum 69
26 Der wahrscheinlich schönste Schutthügel der Republik ///
Peißenberg – Neue Bergehalde 71
27 Spaß im Sommer, Wärme im Winter ///
Peißenberg – Rigi Rutsch'n 73
28 Eine Radlermaß für durstige Radler ///
Stillern – Hof-Biergarten Grenzebach 75
29 Spaziergang durch das Künstlerdorf am See ///
Dießen am Ammersee – der alte Ort 77
30 Eine barocke Wucht – und ein verschwundener Heiliger ///
Dießen – Marienmünster 79

31 Kirchweihmontägliches Anbandeln, ganz im Sinne der Tradition /// *Raisting – Betteltanz* 81
32 Technikmuseum und Kinoleinwand /// *Raisting – Erdfunkstelle* 83
2/11 Sommer, See, Festival – und ein riesiger Vollmond /// *Raisting – Landschaftsweiher* 85
33 Kleine und große Vögel sowie seltene Pflanzen im Blick /// *Vogelschutzgebiet Ammersee Süd* 87
3/11 Der längste Sonnenuntergang weit und breit /// *Ammersee bei Aidenried* 89
34 Zwischen Blumen und Beeten den Berg hinauf /// *Oberhausen – Kirchplatz und Bauerngärten* 91
4/11 Auch im Hochsommer kühlen Kopf bewahren /// *Oberhausener Badeweiher* 93
35 Leidenschaften, Kunst und bayerische Tradition /// *Klosterhof Polling* 95
36 Vom Goggomobil bis zum Stockdegen /// *Polling – Raritätenstadl* 97
37 Auf des Dichters Spuren um Polling herum /// *Polling – Doktor-Faustus-Weg* 99
38 Bunte Häuser, alte Meister und junge Künstler /// *Weilheimer Altstadt* 101
39 Offene Kirchenportale für das Leben um die Mariensäule /// *Weilheim – Stadtpfarrkirche Mariae Himmelfahrt* 103
40 Ein Platz für Tag und Nacht /// *Weilheim – Café sonnendeck* 105
41 Zwischen Stadtpark und naturbelassenem Auwald /// *Weilheim – Au* 107
42 Gemütlichkeit mit 130-jähriger Tradition /// *Weilheim – Dachsbräu* 109
43 Ein begehbares Landschaftsbild, geschaffen von Gletschern /// *Weilheim – Gögerl* 111
44 Weilheims Wohnzimmer für Musiker und Fans /// *Weilheim – Greither 9* 115

45 Ein gotisches Baudenkmal, mitten auf dem Friedhof ///
Weilheim – Salvatorkirche 117
5/11 Die Wanne der Weilheimer ///
Weilheim – Dietlhofer See 119
46 Ein Sonntagsspaziergang für jeden Tag ///
Weilheim – Seeweg 121
47 Bayerischer Blues, Jazz und viel Nostalgie ///
Huglfing – Waldstraße 4 123
Williams Fändrich vereint scheinbar Gegensätzliches ///
Blues auf Bayerisch 124
48 20 Kilometer zwischen Naturschutzgebiet und Biergarten ///
Wanderung auf dem Staffelsee-Rundweg 129
49 Das Tor des Pfaffenwinkels in Richtung der blauen Berge ///
Murnau – Schlossmuseum und Fußgängerzone 131
6/11 Eine Schönheit mit sieben Inseln – mitten im Blauen Land ///
Am Staffelsee-Ufer 133
7/11 Klares, blaues Wasser im Bilderbuch-Bayern ///
Riegsee bei Murnau 135
50 Tanzende Fische und ein Privatkonzert auf Deck ///
Staffelsee – Mondscheinfahrt 137
8/11 Der Weiher für die doppelte Abkühlung ///
Blaselweiher bei Marnbach 139
51 Ein Ort, an dem die Zeit langsamer vergeht ///
Deutenhausen – Stern 141
52 Ein Platz für andächtige Momente oder ein Ort
zum Gruseln? /// *Haunshofen – Hardtkapelle* 143
Der Bilmessschneider und der Filzdrack ///
Legenden aus dem Pfaffenwinkel 146
53 Sumpfgladiolen, Orchideen und fleischfressende Pflanzen ///
Naturschutzgebiet Magnetsrieder Hardt 149
54 Ein runder See und ein legendenumranktes Schloss ///
Haarsee und Schloss Hirschberg 151
55 Wilde Wasser, abenteuerliche Ansichten
und ein Wasserhaus /// *Pähler Schlucht* 155

56 Zeitreise ins Südbayern vor über 100 Jahren ///
Freilichtmuseum Glentleiten bei Großweil 157
57 »Brotzeitberg« mit tollen Ausblicken ///
Rötelstein bei Ohlstadt 159
58 Das Schloss, die Bierprinzessin und weiße Hirsche ///
Schloss und Schlosspark Höhenried 161
59 Expressionismus, Architektur – und Natur ///
Bernried – Buchheim Museum der Phantasie 163
60 Blues-Wohnzimmer mit Raum für Legenden ///
Habach – Village 165
61 Einmalig in Bayern: Das etwas andere Speed-Dating ///
Antdorf – Mailauf 167
9/11 Badefreuden mitten im Naturschutzgebiet ///
Osterseen bei Iffeldorf 171
62 Nach dem 300. Geburtstag eine rotglänzende Kuppel ///
Iffeldorf – Heuwinklkapelle 173
10/11 Der kleine Urlaub nach Feierabend ///
Seeshaupt – Starnberger See 175
63 Auf den Spuren des Blauen Reiter ///
Sindelsdorf – Malerweg 177
64 Ein Kern der Arbeiterstadt ///
Penzberg – Islamisches Forum und Stadtmitte 179
65 Weniger Beruf als berufgewordene Leidenschaft ///
Penzberg – KinoP. 181
66 Nichts gegen Schuhe, aber ... ///
Penzberg – Barfußpfad bei Gut Hub 183
11/11 Weiches Moorwasser inmitten malerischer Natur ///
Eitzenberger Weiher bei Penzberg 185

Karte 186
Register 188

DIE WIESKIRCHE BEI STEINGADEN IST DIE BEKANNTESTE WALLFAHRTSKIRCHE IM PFAFFENWINKEL UND ZÄHLT SEIT 1983 ZUM UNESCO-WELTKULTURERBE. SIE WIRD JEDES JAHR VON ÜBER EINER MILLION MENSCHEN BESUCHT.

GUTE AUSSICHTEN: VOM WENDELSTEIN ÜBER DEN WETTERSTEIN RICHTUNG AMMERGAUER UND ALLGÄUER ALPEN REICHT DER BLICK VON DEN WIESEN DES AUERBERGS AUS.

AUERBERGMUSEUM IM KIEBELEHAUS /// MÜHLENSTRASSE 9 /// 86975 BERNBEUREN /// 0 88 60 / 2 10 /// WWW.AUERBERGMUSEUM.DE ///

SAGENUMWOBENER AUSSICHTSBERG MIT REICHER GESCHICHTE

Bernbeuren – Auerberg

1

Was genau die Römer am Auerberg getrieben haben, ist nach wie vor recht schleierhaft. Jedenfalls weitestgehend. Obwohl Archäologen seit 1900 forschen, bleibt der Zweck dieses ältesten Römerdorfs in Bayern rätselhaft. Im Auerberg-Museum in Bernbeuren geht man den geschätzten 30 Jahren Römergeschichte mit Leidenschaft nach und hat bereits Beeindruckendes zu Tage gefördert.

Zum Beispiel, dass die Besiedlung der Erhebung um etwa 2500 v. Chr. begann und schließlich nacheinander die Kelten, dann die Römer und etwa 1000 Jahre später Herzog Welf IV. höchstpersönlich auf dem Aussichtsberg im Westen des Pfaffenwinkels residierten. Historiker vermuten auf dem Auerberg das sagenumwobene keltische Damasia, das der griechische Geograf und Geschichtsschreiber Strabon erwähnte. Sicher ist, dass die Römer im Jahr 12 n. Chr. eine Befestigung unweit der Via Claudia Augusta errichteten, der Straße von Oberitalien nach Augsburg. Bis 45 waren eine Stadtmauer, Töpfereien, Webereien und Wohnhäuser sowie eine große Werkstatt entstanden. Wieso die Römer diesen untypischen Platz in so großer Höhe besiedelten, wieso sie ihn inmitten von befriedetem Umland mit einer beachtlichen Erdbefestigung sicherten und trotz dieses Aufwands bereits um 45 ohne Anzeichen von Kampf wieder verließen, bleibt nebulös. Im Nebel liegt übrigens auch oft das schöne Umland des Auerbergs, dessen Alias »schwäbischer Rigi« auf die gute Aussicht anspielt, die man von seinem Gipfel auf 1.055 Metern Höhe aus hat – auch, wenn im Tal die Nebel wabern.

Beinahe logisch, dass so einen mystischen Berg mit derart reicher Geschichte auch viele Geschichten umwehen. Von unterirdischen Städten eines anderen Menschengeschlechts ist darin ebenso die Rede wie von wertvollen Schätzen.

Ein sehr schön angelegter Kulturpfad namens *Via Damasia* führt durch die sehenswerte Feuersteinschlucht vom Auerbergmuseum in Bernbeuren auf den Auerberg.

AUCH OHNE EIGENES BOOT IST EINE TOUR AUF DEM LECH MÖGLICH: MICHAEL UND GEORG KOHLER BIETEN RAFTINGTOUREN AUF DEM LECH AN.

LECHTOURS RAFTING /// LECHBRUCKER STRASSE 19 /// 86984 PREM /// 01 70 / 8 30 99 99 ///

ERSTAUNLICHE PERSPEKTIVEN VOM KANU AUS

Lech zwischen Lechbruck und Schongau

2

Beinahe lautlos teilt der spitze Bug des Kanadiers die tiefgrüne Wasseroberfläche. Nur ab und zu gluckst es, wenn die Stechpaddel eintauchen. Die Stille, die sich schon nach ein paar Minuten über das Kanu gesenkt hat, ist beinahe feierlich. Breit und bräsig liegt der Lechstausee bei Lechbruck da, von wo aus unsere etwas andere Reise durch den westlichen Pfaffenwinkel begonnen hat. Die alberne Diskussion, ob es den nautischen Begriff »in Stausee stechen« wohl gibt, verebbt abrupt angesichts der ungewohnten Perspektive. Rotgold schimmern die spätsommerlichen Bäume vom Ufer her und rahmen den Flusslauf weich ein. Obwohl es schon später Vormittag ist, liegt noch ein bisschen Dunst über dem Wasser und weicht gespenstisch vor dem Bug zurück.

Als sich der Stausee verjüngt, ist unser Paddel-Rhythmus gleichmäßig geworden. Gut so, denn die ersten weißen Stellen werden sichtbar. Eine kleine Schnelle verlangt Konzentration und bietet eine schöne Übung für das Highlight der grundsätzlich mäßig anspruchsvollen Tour: die Litzauer Schleife. Nur dort ist der Lech vollkommen naturbelassen, obwohl er seit dem Zweiten Weltkrieg intensiv zur Stromerzeugung genutzt wird. Den Pflanzen am Ufer ist anzusehen, dass sie ungestört in einem Naturschutzgebiet wachsen dürfen. Der Bewuchs wird vielfältiger und das Flussbett unregelmäßiger. Hier hinterlässt noch jedes Hochwasser seine Spuren und verändert den Wasserlauf. Der Lech leuchtet stellenweise türkis und lässt an einigen Stellen wissen, dass er seine wilden Ursprünge auf etwa 1.780 Metern nicht vergessen hat.

Als erst die Lechbrücke und dann Schongau in Sicht kommen, haben wir den Eindruck, als würden wir aus einem anderen Land anreisen. »Aus einer anderen Zeit« wäre passender: Trotz mehrstündiger Kanutour haben wir den Eindruck, als wären wir erst vorhin gestartet.

Von 1. März bis 31. August dürfen auf dem Abschnitt Litzauer Schleife aus Naturschutzgründen Kiesbänke und Inseln nicht betreten werden.

RAST AM RÖMISCHEN MEILENSTEIN. AUF INFORMATIONSTAFELN WIRD IN REGELMÄSSIGEN ABSTÄNDEN GESCHICHTE ERKLÄRT; WER MEHR ÜBER DIE VIA CLAUDIA AUGUSTA LERNEN WILL, IST BEI REINHARD WALK UND DEM INFORMATIONSZENTRUM VIA CLAUDIA AUGUSTA RICHTIG.

INFORMATIONSZENTRUM VIA CLAUDIA AUGUSTA /// HAUPTSTRASSE 1 /// 87672 ROSSHAUPTEN /// 0 83 67 / 9 13 90 24 ///

DAS ALTE ROM IST EIGENTLICH NICHT WEIT

Via Claudia Augusta

3

Sich stundenlang vor einen Haufen Trümmer oder Steine zu stellen und vor dem geistigen Auge untergegangene Kulturen erwachen zu sehen, ist eine Gabe, über die allenfalls historisch Versierte verfügen. Im Pfaffenwinkel können auch Gelegenheits-Geschichtsinteressierte in alte Zeiten eintauchen – ganz sportlich, auf dem Rad oder zu Fuß.

Die Via Claudia Augusta verband den Kern des Römischen Reichs mit den nördlichen Provinzen und führte durch einen landschaftlich sehenswerten Teil des Pfaffenwinkels. Der Abschnitt ist als Tagestour mit dem Rad zu schaffen. Aber auch Teilabschnitte sind möglich, zum Beispiel 25 Kilometer von Hohenfurch bis Lechbruck. Wie die modernen Straßenbauer folgten auch die Römer dem Lauf des Wassers, so oft sie konnten – wie der Gesamtverlauf der Kaiserstraße zeigt. Dass man sie überhaupt gefunden hat, verdanken die Historiker übrigens zwei alten Trümmern, genauer gesagt Meilensteinen. Man entdeckte einen in Rabland in Südtirol und einen in Cesiomaggiore bei Feltre in Venetien. Ihre Inschriften waren so gut erhalten, dass sich daraus einiges folgern ließ. Zum Beispiel, dass die Straße zwei Ausgangspunkte hatte: einen in der Nähe von Venedig und einen in der Lombardei. Bei Trient liefen sie zusammen und führten über Reutte nach Donauwörth. In der Regierungszeit von Kaiser Claudius erfuhr die von Drusus als Militärstraße konzipierte Strecke eine überwiegend zivile Entwicklung. Und so lässt sich auf dem Sattel eines Drahtesels mit ein wenig Fantasie nachfühlen, wie ein berittener römischer Kaufmann die Route lechaufwärts empfunden haben muss.

Es fällt schwer, nach einer abwechslungsreichen Tour, die bergauf und bergab durch Altenstadt, vorbei an Schongau, Burggen und am Lechstausee führt, in Lechbruck abzusteigen. Der Forggensee, durch den die Straße einst verlief, ist ja nicht mehr weit. Und Italien eigentlich auch nicht …

Die Internet-Seite www.viaclaudia.org widmet sich allen Facetten der Via Claudia Augusta. Mit einer interaktiven Karte können auch Touren geplant werden.

AUSGANGSPUNKT FÜR DEN MÜHLENWEG SCHWABSOIEN IST DAS RATHAUS MITTEN IM ORT. ES IST KAUM ZU VERFEHLEN UND VERFÜGT ÜBER PARKMÖGLICHKEITEN. VON MAI BIS OKTOBER WERDEN JEDEN ZWEITEN SONNTAG IM MONAT FÜHRUNGEN ANGEBOTEN. INFORMATION BEIM HAMMERSCHMIEDE-MUSEUM (IM BILD).

HAMMERSCHMIEDE-MUSEUM /// SCHMIEDESTRASSE 28 /// 86987 SCHWABSOIEN /// 0 88 68 / 2 31 /// WWW.SCHWABSOIEN.DE ///

AM WASSER ENTLANG, DER GESCHICHTE AUF DER SPUR

Schwabsoien – Mühlen

4

Wer einen Blick auf das Leben in der Vergangenheit Oberbayerns werfen möchte, ist im Osten des Pfaffenwinkels gut aufgehoben. Mit der Glentleiten verfügt die Region über das größte Freilichtmuseum Südbayerns. Ein inoffizielles Freilichtmuseum befindet sich dagegen im Westen. Die Gemeinde Schwabsoien, ein paar Kilometer nördlich von Schongau gelegen, versammelt einen derart reichen Schatz an historischen Handwerksbetrieben, dass sie beinahe selbst als kleines, aber feines Freilichtmuseum durchgeht.

Ihr wertvollstes Exponat ist gleichzeitig ein Museum: Das Gebäude, in dem heute das Hammerschmiede-Museum untergebracht ist, wurde 1451 erstmals erwähnt und war zur damaligen Zeit ein Großbetrieb. Es gehörte zum Kloster St. Mang in Füssen; dort verarbeitete man in großem Stil Eisen; zeitweise wurde das Metall dort auch aus dem Erz geschmolzen. Das Hammerwerk der Schmiede mitsamt drei schwerer Schwanzhämmer wurde vollständig wiederhergestellt – damit ist ihr Besuch keineswegs nur Fans von Industriedenkmälern zu empfehlen. Sie werden den Anblick ihres Schleifwerks, der transmissionsgetriebenen Maschinen wie einer Drehbank oder einer Bohrmaschine zu schätzen wissen. Ästhetikliebhaber kommen hingegen draußen auf ihre Kosten, denn die Mühlen nutzen Wasserkraft. Und wo Wasser vorkommt, ist die Gegend selten reizlos.

Nicht weit entfernt von den Mühlen entspringt die Schönach. Ihr Quellgebiet mit »idyllisch« zu beschreiben, greift zu kurz. Überall säumt satt wachsendes Gras und Buschwerk den kleinen Wasserlauf, der schon bald mächtig Arbeit bekommt. Nach und nach muss er eine Menge Mühlräder antreiben und Teiche füllen, die teilweise durch romantisch eingewachsene Tuffstein-Zuleitungen gespeist werden. Verbunden sind die Sehenswürdigkeiten durch den Mühlenweg, einen thematischen Spaziergang durch die geschichtsträchtige Gemeinde.

Wer das Mühlendorf Schwabsoien besucht, sollte sich auch das 30 historische Kutschen und Schlitten umfassende Kutschenmuseum zu Gemüte führen.

GROSSARTIGE AUSBLICKE IN RICHTUNG DER ALPENKETTE GIBT'S EINIGE, SO WIE HIER ZWISCHEN ALTENSTADT UND SCHWABBRUCK.

BAHNHOF SCHONGAU /// BAHNHOFSTRASSE 17 /// 86956 SCHONGAU /// BAHNHOF KAUFBEUREN /// GANGHOFER STRASSE 42 /// 87600 KAUFBEUREN ///

AUF DEN SPUREN EINER KLEINEN EISENBAHN INS ALLGÄU

Radtour um Sachsenried herum

5

Die Räder klickern fröhlich durch den Fahrtwind, als es endlich wieder bergab geht. Vorbei das Ächzen der Pedale, das in seiner Inbrunst nur vom Geächze des Pedalpiloten übertroffen wurde. Abkürzungen zu nehmen ist eben nur die zweitbeste Lösung, aber das weiß man auch immer erst hinterher. Wobei … in diesem Fall hätte man es ahnen können. Schließlich hat man Schienen bis jetzt noch immer am liebsten eben verlegt.

Abgesehen von der Riesenidee, die großzügigen Schwünge des Radwegs *Sachsenrieder Bähnle* abzuschneiden und dabei in einer ausgewachsenen Berg- und Talfahrt über anstatt um den ziemlich stattlichen Hügel herum zu landen, ist die Radtour von Schongau Richtung Kaufbeuren ein Hochgenuss. Vom Schongauer Bahnhof aus führt der recht junge Radweg nach Altenstadt und an den gedrungenen Türmen der Basilika vorbei in Richtung Schwabbruck. Über Ingenried – an dieser Stelle unbedingt an die ausgewiesene Streckenführung halten – umgeht der Radweg Sachsenried und steuert hinein in den Sachsenrieder Forst, Richtung Schwaben. Dort, von Osterzell, Stöttwang und Mauerstetten, verläuft die Strecke exakt auf der aufgelassenen Trasse. Wo früher eine Dampflok in ihren Waggons Kohle transportierte und später Ausflügler zum Frischlufttanken in den Forst fuhr, lässt sich heute auf dem Rücken eines Drahtesels Sauerstoff schnaufen. Und wem der fantastische Ausblick auf die Alpen zu fad ist, der kann sich an zahlreichen Info-Tafeln am Wegesrand fortbilden.

Einmal simuliert ein Durchblickpanorama, wie die grenzschwäb'sche Eisenbahn auf den Bahndamm ausgesehen hat, einmal werden Quizfragen gestellt und immer wieder trifft man auf historisches Bahnmaterial. Wer nach so viel Bahn-Radeln Lust auf Zugfahren bekommt und die ganzen 35 Kilometer bis nach Kaufbeuren mit dem Fahrrad überwindet, kann den Zug zurück nach Schongau nehmen.

Smartphone-Besitzer können an den Stationen Codes scannen. Sie führen unter anderem zu einem Film, der die letzte Fahrt der kleinen Bahn im Herbst 1972 zeigt.

DIE WIESKIRCHE IST ALS »MEISTERWERK MENSCHLICHER SCHÖPFERKRAFT« UND »AUSSERGEWÖHNLICHES ZEUGNIS EINER UNTERGEGANGENEN KULTUR« AUF DER LISTE DES UNESCO-WELTERBES.

WALLFAHRTSKIRCHE ZUM GEGEISSELTEN HEILAND AUF DER WIES IN STEINGADEN /// WIES 12 /// 86989 STEINGADEN /// 0 88 62 / 2 00 /// WWW.STEINGADEN.DE ///

EIN MOMENT DER STILLE IM UNESCO-WELTKULTURERBE

Steingaden – Wieskirche

6

Der amerikanische Freund hat als kunstsinniger Mensch schon viel gesehen. Just als er das Kirchenschiff betritt und zum ersten Mal die kunsthistorisch wichtigste aller bayerischen Wallfahrtskirchen von innen sieht, reißt der Himmel auf. Das warmgelbe Sonnenlicht eines frühen Sommerabends gleißt durch die Fenster und setzt die opulente Rokoko-Ausstattung in Szene. »Wäre ich nicht schon katholisch, würde ich es jetzt werden«, sagt er ehrfurchtsvoll.

Man kann ihm den Überschwang nicht verdenken. Weil Ausstattung und Bau überwiegend aus der Mitte des 18. Jahrhunderts und der Hand der Brüder Johann Baptist und Dominikus Zimmermann stammen, wirkt die Kirche wie aus einem Guss. Wobei »Guss« nicht ganz das richtige Wort ist – die Wieskirche erscheint trotz ihrer gewaltigen Ausmaße luftig leicht statt bleiern schwer. Der *Gegeißelte Heiland auf der Wies* – das Gnadenbild oberhalb des Tabernakels – ist so ziemlich das Gegenteil von der heiteren Leichtigkeit des Kirchenbaus. Grobschlächtig und ungelenk wirkt die Holzstatue. Der Wiespfarrer, Monsignore Gottfried Fellner, sagt dazu: »Es gehört Mut dazu, diesem Gegeißelten Heiland auf der Wies ins Gesicht zu schauen. Wer es wagt, begreift, dass dieser Gott um die Liebe der Menschen fleht!« Woher kam die Statue? Auf einem Bauernhof »auf der Wies« bemerkte die Bäuerin Maria Lory im Sommer 1738 Wassertropfen in den Augen einer Christus-Figur, die sie als Tränen deutete. Die Neuigkeit vom »Tränenwunder« machte bald die Runde. Leute kamen, um zum *Gegeißelten Heiland auf der Wies* zu beten; die Bauernfamilie baute eine kleine Kapelle. Sie hielt dem Andrang der Pilger aber nicht lang stand, weswegen die Gläubigen den Abt um dem Bau einer Kirche baten.

So gab dieser den Kirchenbau in Auftrag. Damit brachte er das Kloster Steingaden in arge finanzielle Bedrängnis – doch gottlob bewiesen die Prämonstratenser langen Atem.

Im rechten Chorraum, wo Votivtafeln zum Dank für erhörte Gebete aufbewahrt werden, ermöglicht ein kleines Fenster einen innigen Blick auf das Gnadenbild.

DER BESUCH DES WELFENMÜNSTERS LÄSST SICH WUNDERBAR MIT EINER VISITE IM KLOSTERGARTEN ST. JOHANNES VERBINDEN, NAHE DEM KLOSTERMUSEUM. DENN WIE ÜBERALL IM PFAFFENWINKEL HABEN DIE KLÖSTER WISSEN GESAMMELT – IN STEINGADEN DAS ÜBER HEILKRÄUTER.

PFARRKIRCHE /// PRÄMONSTRATENSERSTRASSE 3 /// 86989 STEINGADEN /// 0 88 62 / 2 34 ///

EIN AUFGESCHLAGENES BUCH DER KUNSTGESCHICHTE

Steingaden – Welfenmünster

7

Das Rokoko-Meisterwerk Wieskirche im Steingadener Ortsteil Wies stiehlt so ziemlich allen anderen Gotteshäusern im Pfaffenwinkel die Schau. Dabei ist »die andere Steingadener Kirche« auch aller Ehren wert und eigentlich viel zu schade, um nur »die andere« zu sein.

Überhaupt Steingaden! Was für ein sehenswerter Fleck, umgeben von Wäldern, Weihern und Wiesen, dessen ländliche Vergangenheit und traditionsreiche Handwerksbetriebe ein besonderes Völkchen hervorgebracht haben. Freundlich und aufrichtig geht's zu in diesem schönen Ort, dessen Bewohner zu Recht stolz sind auf ihre klösterliche Vergangenheit. Von diesen Zeiten zeugt *St. Johannes Baptist*, eine der bedeutendsten Kirchen des Pfaffenwinkels. Die frühere Klosterkirche wurde im Laufe der Zeit barockisiert und war einst das Herzstück des Steingadener Prämonstratenserklosters. Gestiftet von Welf VI. 1147, diente es dem Adelsgeschlecht als Hauskloster und Grablege – weswegen seine Kirche auch »Welfenmünster« heißt. Welf VI. und sein Sohn Welf VII. liegen tatsächlich darin bestattet; ihre Grabplatten sind bis heute erhalten. Von den Klostergebäuden blieben allerdings nur wenige stehen – sie haben die Bauernkriege im 16. Jahrhundert, den Dreißigjährigen Krieg im 17. und vor allem die Säkularisation 1803 nicht vollständig überlebt. Die Zeiten komplett überdauert hat die romanische Basilika, die nach der Säkularisation zur katholischen Pfarrkirche umgewidmet und dem heiligen Johannes dem Täufer geweiht wurde. Der Kontrast ihres kargen, klar strukturierten Äußeren zum schwelgerischen, von allen Epochen der Kunstgeschichte beeinflussten Inneren ist beachtlich.

Ein schöner Bogen der Geschichte vom 12. Jahrhundert ins Heute ist übrigens die Tatsache, dass der aktuelle Steingadener Pfarrer wieder ein echter Prämonstratensermönch ist.

Mehr über die bewegte Klostergeschichte Steingadens lässt sich übrigens angenehm im Klostermuseum erfahren. Info und Öffnungszeiten erhalten Sie unter 0 88 62 / 2 00.

BRAUMEISTER MAX SEDLMEIER UND SEINE FÜR DIE GEGEND UNGEWÖHNLICHEN BIERE, DIE DANK LOKALER ZUTATEN EINEN GANZ EIGENEN UND DOCH IRGENDWIE REGIONALEN GESCHMACK BEKOMMEN.

MAXBRAUEREI BIERMANUFAKTUR /// ST.-LORENZ-STRASSE 14 /// 86972 ALTENSTADT /// 01 60 / 8 25 81 98 /// WWW.MAXBRAUEREI.DE ///

LIEBLING, ICH GEH' JETZT ZUM BIERBRAUEN!

Altenstadt – Maxbrauerei 8

Die *Maxbrauerei Biermanufaktur* in Altenstadt ist zunächst und vorrangig ein sehr gemütliches Plätzchen. Wenn durch die großen Fenster des urigen Bräustüberls die Abendsonne scheint, schmeckt das Bier, das Braumeister Max Sedlmeier auf den groben Holztisch stellt, gleich doppelt gut. Zwei Biersorten gibt es hier immer: das *Bernstein Hefeweißbier* und das *Zwick'l Hell.* Außer den beiden naturtrüben, sehr alten bayerischen Biersorten hat der Braumeister besondere Biere auf der Karte, die er nach einem eigens angefertigten »Bierkalender« braut – und ausschenkt.

So gibt's unter anderem folgende Biere, deren klangvolle Namen ihre Schmackhaftigkeit erahnen lassen: Böhmisches Dunkel, India Pale Ale, Schockerbock, Nelson Ale, Heller Maibock, Rogger Ale, Hopfenschweinerei, Rote Zora Weizen, Green Pilsner, Oaktober Ale, Saphir Weizenbock und Russian Imperial Stout. Langeweile dürfte da auch bei passionierten Biertrinkern nicht aufkommen. Der Maxbrauerei eilt derweil der Ruf einer innovativen und auch traditionsbewussten Spezialitätenbrauerei voraus. Dass sich Max Sedlmeier freut, sein handwerkliches Können beim Brauen von ausgefallenen Biertypen anwenden zu können, spricht für seine berufliche Hingabe. Es sagt eine Menge über den Geist, der in der Maxbrauerei herrscht, dass der Chef sein Wissen auch in Brauseminaren weitergibt. Im Braustüberl gibt's dazu erst einmal eine Halbe Bier, damit auch jeder weiß, worum es geht. Ganz nebenbei erklärt der Braumeister, worauf zu achten ist und wie daheim echtes Bier entstehen kann. Nebenbei dampft mitten in der guten Stube die Maische im Kessel vor sich hin; beim Filtern dürfen alle mit anpacken.

In der Folge entstehen dann meist ganz viele kleine »Maxbrauereien«, wenn die Teilnehmer ihre Küchen zum Sudhaus umfunktionieren.

Das Rote Zora Weizen leuchtet übrigens wirklich ziegelrot im Glas. Wie das Bier seine Farbe erhält, verrät der Braumeister ebenfalls in den Seminaren.

DER ERBAUER DER ROMANISCHEN BASILIKA IST UNBEKANNT, EBENSO DER SCHÖPFER DES »GROSSEN GOTTES VON ALTENSTADT«.

ZENTRALES PFARRBÜRO ALTENSTADT /// ST.-MICHAEL-STRASSE 4 /// 86972 ALTENSTADT /// 0 88 61 / 73 15 /// WWW.ALTENSTADT-ST-MICHAEL.DE ///

ROMANISCHE RARITÄT IM BAROCKGEPRÄGTEN PFAFFENWINKEL

Altenstadt – Basilika

9

»Großer Gott!« Dieser Ausruf ist bis heute ganz besonderen Situationen vorbehalten. Der *Große Gott von Altenstadt* mag dem unvorbereiteten Kirchenbesucher ebenfalls einen Ausruf der Überwältigung entlocken: Imposante 3,20 Meter misst die Christus-Skulptur. Weit breitet sie ihre Arme an einem gigantischen Holzkreuz aus. Kreuz und Skulptur, die Jesus als todbesiegenden König zeigt, sind Anfang des 13. Jahrhunderts entstanden – wie auch die romanische Basilika St. Michael in Altenstadt. Historiker vermuten knappe Kassen als Grund dafür, dass das Gotteshaus die Zeiten so unverändert überdauert hat. Sie verhinderten die im Pfaffenwinkel so verbreitete barocke Ausschmückung älterer Gotteshäuser. Gottlob, denn so kann die *basilica minor* von vergangenen Zeiten erzählen.

Überhaupt liest sich die Geschichte Altenstadts wie ein Roman. Die einstige Römersiedlung lag am Schnittpunkt von zwei Straßen. Die Via Claudia Augusta führte von der Adria über die Alpen an die Donau. Sie kreuzte die sogenannte Salzstraße, die Via Raetia von Verona nach Augsburg. Im 13. Jahrhundert zogen die Bewohner dann um und ließen die Gebäude der »alten Stadt« (Altenstadt) zurück. Die Stadtherren waren nämlich der sinnigen Ansicht, dass eine Befestigung auf einem Hügel mitten im Fluss besser zu verteidigen sei als eine Siedlung auf freiem Feld. Mit dem Umzug Schongaus auf den Lechberg gelangten seine Bürger zu Sicherheit und Wohlstand. Die »alte Stadt« bestand weiterhin und führte im Vergleich ein eher ländlich geprägtes Dasein.

St. Michael blieb erhalten und wurde über die Jahre immer wieder renoviert. 1876 zum Beispiel, finanziert durch den Verkauf der beiden Begleitfiguren des Kreuzes, die bis heute im Bayerischen Nationalmuseum in München zu sehen sind. In der Kirche schmücken zwei Kopien davon das Kreuz. Der »Große Gott von Altenstadt« ist selbstverständlich das Original.

In der Basilika St. Michael finden rund ums Jahr auch Konzerte statt. Wegen der überwältigenden Akustik ein echter Tipp. Info: www.altenstadt-st-michael.de

MITTELALTER ERLEBEN: VOR ALLEM KINDER HABEN AN SOLCHEN STELLEN AN DER SCHONGAUER STADTMAUER IHRE HELLE FREUDE. SO AUTHENTISCH LÄSST SICH NIRGENDS SONST IM LANDKREIS RITTER-FANTASIEN NACHHÄNGEN.

MAXTOR /// 86956 SCHONGAU ///

TRUTZIGER SCHUTZ UND SCHÖNE AUSSICHTEN

Schongau – Stadtmauer

10

Schongau hat, wovon die meisten anderen Städte in der Gegend nur träumen können: eine weitgehend erhaltene Stadtmauer mitsamt teilweise begehbarem Wehrgang und Türmen. Um ganz genau zu sein, ist die über 1,6 Kilometer lange Ringmauer die einzige dieser Gegend südlich der Donau, die derart gut erhalten ist. Vor allem für einen Weilheimer ist der Besuch der anderen Kreisstadt immer mit einem leisem Seufzen verbunden. Schließlich hat man in Weilheim seit 1872 die Stadttore und immer wieder Teile der Wehrmauer abgebrochen, um Platz für Verkehr und Wohnfläche zu schaffen.

Was für ein Verlust das ist, lässt sich an einem klaren Tag bei einem Spaziergang um Schongaus schöne Altstadt herum feststellen. Im 12. Jahrhundert, als Schongau von den Staufern regiert wurde, brachten es seine Bürger zu Wohlstand. Ein Grund dafür war die neue Sicherheit, die den Bewohnern der »alten Stadt« Schongau durch ihren Umzug auf einen Hügel entstand, der damals noch von zwei Seiten vom Lech umflossen wurde. Zusätzlichen Schutz gewährte die trutzige Mauer, wie sich zum Beispiel am Maxtor schön nachvollziehen lässt. Steil ragt die graue Wehranlage aus dem Berg heraus. Allein die Vorstellung, sie als eisenbehelmter Eroberer erklimmen zu müssen, bewirkt Beklemmung. Der gleiche Wegabschnitt stellt sich im Inneren ganz anders dar: Bunt und freundlich stehen die alten Häuser im Schatten ihres steinernen Schutzes.

Auf den Parkbänken am Sonnengraben lässt sich mit der Sonne im Gesicht nur schwerlich ans dunkle Mittelalter denken. Durch das Tor im Polizeidienerturm kann man einen schönen Blick in die Stadt werfen – auf das Ballenhaus, das wuchtig vor der Kirche Mariae Himmelfahrt aufragt. Und auf der anderen Seite auf die Alpenkette, deren einzelne Berggipfel mit Hinweistafeln erklärt sind.

In Schongau spielt der Roman *Die Henkerstochter* von Oliver Pötzsch. Eine Führerin zeigt historisch gewandet im Sommer die Stadt. Info: 08861/21481.

BLICK DURCH DAS TOR IM POLIZEIDIENERTURM IN DIE INNENSTADT. IN SCHONGAU SPIELTE ÜBRIGENS DER ERSTE BAYERISCHE HEXENPROZESS, IN DESSEN VERLAUF 63 FRAUEN HINGERICHTET WURDEN.

BALLENHAUS /// MARIENPLATZ 2 /// 86956 SCHONGAU ///

GUCKLOCH IN DEN MITTELALTERLICHEN PFAFFENWINKEL

Schongau – Altstadt

11

In Schongaus Altstadt tut sich ein Blick auf den mittelalterlichen Pfaffenwinkel auf. Die zweite Kreisstadt im Landkreis Weilheim-Schongau ist das perfekte Guckloch in dieses Kapitel der Geschichte und außerdem ein verflixt geeigneter Ort, um einen schönen Tag zu verbringen. Die Wegbeschreibung ist denkbar einfach: Immer hinauf auf den Hügel am Lech, auf den die Bewohner der alten Stadt Schongau (Altenstadt) 1240 umzogen.

Hinter der Stadtmauer drängen sich bunte Häuser, kleine Plätze und viele inhabergeführte Geschäfte. Die Schongauer trifft man bei gutem Wetter vor den Cafés, vor denen die Trottoire mit Garnituren bestückt sind. Wobei »verwinkelt« relativ und eher nach heutigen Maßstäben zutrifft: Eigentlich legten die Staufer, unter deren Herrschaft Schongau damals stand, ihre Stadt recht logisch an. Die klar erkennbare Mittelachse führt vom Münztor im Norden der Stadt über die Münzstraße zum Marienplatz hin bis zum Sonnengraben im Süden, in der Mitte teilt die Weinstraße das Oval – die Nebenstraßen zweigen ziemlich rechtwinklig ab. Und so lohnt es sich, die Stadt »blockweise« zu erwandern. Hinter jeder Ecke wartet ein neuer Ausblick auf die vielen weitgehend erhaltenen Bürger- und Handwerkerhäuser. In der Stadtmitte thront das Ballenhaus herrschaftlich auf der langen Marktachse. Es ist eines der ältesten Gebäude Schongaus, wurde als Lager- und Ratshaus genutzt und zeugt von den wirtschaftlichen Hoch-Zeiten der Stadt, in denen sie als Umschlagplatz für Waren aus Venedig in Richtung Augsburg diente.

Ob es nun schlicht fehlendes Geld oder ein ausgeprägter Sinn fürs Schöne war: Die Häuser in der Altstadt haben die Zeiten weitgehend unbeschadet überstanden und wurden in jüngerer Zeit mit kundiger Hand renoviert.

Im Café die Ohren spitzen: In Schongau wird der lechrainische Dialekt gesprochen, eine Verbindung aus Bairisch und alemannischen Begriffen.

FRÜHER LAGERTE DER STÄDTISCHE BAUHOF IN DEM JUGENDSTIL-GEBÄUDE GERÄTE EIN. DEM RENOVIERTEN GEBÄUDE SIEHT MAN SEIN ARCHITEKTONISCHES ERBE AN.

SCHONGAUER BRAUHAUS /// ALTENSTADTER STRASSE 13 /// 86956 SCHONGAU /// 0 88 61 / 9 33 62 22 /// WWW.SCHONGAUERBRAUHAUS.DE ///

JUGENDSTIL UND NEUES BIER

Schongauer Brauhaus

12

Ja, die Brotzeit dürfe man mitbringen – darauf legt die freundliche Bedienung Wert. Im Biergarten des Schongauer Brauhauses gelte die Bayerische Biergartenverordnung, sagt sie, und die verlange nach alter Tradition, dass der Gast seine eigene Brotzeit dabeihaben darf. Das kühle, naturtrübe *Schongauer Hell*, dessen Schaum sich beachtlich über dem Bierkrug türmt, serviert dafür die Brauerei.

Dass im Schongauer Brauhaus auf bayerische Tradition Wert gelegt wird, merkt der Gast an so ziemlich jedem Detail. Und vor allem das Gefühl, dass die Tradition einfach nach einer Gasthausbrauerei in Schongau verlangt, inspirierte Familie Albrecht dazu, das Schongauer Brauhaus zu übernehmen. 1999 begann sie, ein historisches Jugendstilgebäude aus dem Jahr 1901 an der Altenstadter Straße zu sanieren und daraus eine Brauerei zu machen. Ganze 14 Brauereien gab es innerhalb der Schongauer Stadtmauern in früheren Tagen – und bis das Schongauer Brauhaus 2001 eröffnete, jahrzehntelang keine mehr. Seither haben die Schongauer die Wahl zwischen fünf heimischen Biersorten: Schongauer Hell, Dunkel, Dunkles Weißbier, Weißbier und Bayerisch-Irisches Helles. Wie sie entstehen, können die Gäste sozusagen hautnah miterleben. Mitten in der Gaststube stehen die goldglänzenden Braukessel, die dem neuen Gastraum die Gemütlichkeit eines uralten Bräustüberls geben. Der Braumeister und sein Team kommen regelmäßig dorthin und sehen nach dem Rechten – langweilig wird's also auch den kleinen Besuchern nicht. Den Großen sowieso nicht; denn außer Bier serviert das Brauhaus-Team regelmäßig Kultur von Kabarett über Musik bis hin zu saisonal wechselnden Brauevents.

Selbstverständlich sind die Schongauer Brauer stolz auf ihre Arbeit und führen Interessierte gern durch ihren Arbeitsplatz – mit anschließender Bierverkostung selbstverständlich.

☞ Aus dem abgeschöpften Treber entsteht in Schongau malziges Treberbrot, das man probieren sollte – naturgemäß passt's wunderbar zum Bier.

WO FRÜHER PFERDE UND KUTSCHEN UNTERGEBRACHT WAREN, IST HEUTE EINE SCHONGAUER TOP-ADRESSE, WENN ES UMS WEGGEHEN GEHT. DAS LAGERHAUS IST CAFÉ, COCKTAILBAR, KNEIPE UND MEHRFACH AUSGEZEICHNETES PROGRAMMKINO IN EINEM.

LAGERHAUS /// KARMELITERSTRASSE 5 /// 86956 SCHONGAU /// 0 88 61 / 95 00 /// WWW.LAGERHAUS-SCHONGAU.DE ///

GENÜSSE UND KULTURKINO UNTER EINEM DACH

Schongau – Lagerhaus

13

Eine feste Adresse im Schongauer Nachtleben ist seit Jahrzehnten das Lagerhaus. Jeder, der in der Umgebung aufgewachsen ist, kann seine eigene Geschichte dazu erzählen. Sei es von einer legendären Lagerhaus-Party, sei es die Erinnerung an einen besonderen Independent-Film, den man zum ersten Mal im Kino unterm Dach gesehen hat, oder an das Konzert einer mittlerweile weltbekannten Band.

Denn das Lagerhaus ist so etwas wie die eierlegende Wollmilchsau der Unterhaltungsgastronomie. Unter seinem spitzen Dach mitten in der historischen Schongauer Altstadt beherbergt es ein Restaurant, eine Cocktailbar und ein Kino. Seinen Namen verdankt das mittelalterliche Gebäude seiner früheren Nutzung – 1989 haben vier junge Männer darin ihren Traum von einem facettenreichen Treff mitten in Schongau verwirklicht. Georg Werner, der bis heute das Lagerhaus-Kino betreibt, ist der letzte verbleibende dieses Quartetts. »Eigentlich wollte ich damals in Peiting ein kleines Kino eröffnen, ebenfalls in einer Kneipe«, erzählt er. »Daraus wurde aber nichts, weil der damalige Marktgemeinderat das Anliegen ablehnte. Man wollte kein ›Punkrock-Kino‹«, lacht er. Gemeint war etwas ganz anderes: Man fürchtete ein Theater für Streifen, in dem die Darsteller für gewöhnlich eher keine Kostüme brauchen.

Im Lagerhaus bewies Georg Werner ein Händchen für gute Independent-Filme und das hat ihm mehrere Kulturpreise und eine bleibende, generationenübergreifende Fangemeinde eingebracht. Er expandierte sogar nach Weilheim und übernahm dort das Starlight-Kino. In Schongau vereint das Lagerhaus derweil weiterhin Vielfalt unter einem Dach, unter dem übrigens schon Größen wie Gerhard Polt, Georg Danzer, Donovan, das *Pasadena Roof Orchestra* oder *Canned Heat* aufgetreten sind.

Auch außerhalb seiner Mauern ist das Lagerhaus, besser gesagt sein Team, kulturell engagiert, zum Beispiel bei Stadtfesten oder Kunstmärkten.

SCHON VON DER STRASSE AUS SIEHT MAN EINE DER HAUPTATTRAKTIONEN DES MÄRCHENWALDS: DIE PONYS, AUF DENEN KINDER SELBSTVERSTÄNDLICH REITEN DÜRFEN.

SCHONGAUER MÄRCHENWALD /// DIESSENER STRASSE 6 /// 86956 SCHONGAU /// 0 88 61 / 75 27 /// WWW.SCHONGAUER-MAERCHENWALD.DE ///

VOM GESTIEFELTEN KATER ZUM GESATTELTEN PONY

Schongau – Märchenwald

14

Die Märchen der Brüder Jacob und Wilhelm Grimm sind das, was man heute einen »Hyperseller« nennen würde. Ganze zwei Jahrhunderte lang verkaufen sich ihre *Kinder- und Hausmärchen* schon, die sie einst von mündlichen Erzählungen aufgeschrieben haben. Ihr Buch erschien an Weihnachten 1812 und ist bis heute ein Literatur-Klassiker.

Doch kann man Kinder heute überhaupt noch mit angestaubten Märchen (das schräge Bild sei gestattet) hinterm Ofen hervorlocken? Man kann. Wer Babysitter für etwaige Neffen und Nichten spielen darf, überraschend die Nachbarskinder anvertraut bekommt oder den eigenen Kindern eine schöne Zeit bereiten möchte, ist im Schongauer Märchenwald gut aufgehoben. Der ewige Kampf von Gut und Böse ist dort an zwölf Stationen kindgerecht aufbereitet: Auf Knopfdruck wird das Märchen an kleinen Häuschen erzählt, die einen Blick auf ihr Innenleben freigeben. So berichtet zum Beispiel der gestiefelte Kater – ähem, eine Puppe, selbstverständlich –, wie er durch Schläue und listige Einfälle vom Besitzlosen zum Minister wurde. Aschenputtels Küche wirkt sehr aufgeräumt, und Schneewittchen sorgt in einem siebenköpfigen Junggesellenhaushalt ebenfalls für Ordnung. Naja – und anschließend für einige Aufregung, weil in der Märchenwelt eben nicht alle Äpfel gesund sind …

Wenn kleine und große Kinder nach zwölf Märchen einigermaßen geschafft sind, lässt sich in der Gaststätte des Märchenwalds entspannen – bevor die andere Attraktion Kinderaugen zum Glänzen bringt: der Tierpark. Ein Pony, das den Namen einer bekannten Biene trägt, hat es einem kleinen Bub besonders angetan. »Ich find die Maja so süß«, schwärmt er. Er würde gern länger bleiben, aber schließlich warten noch Enten, Schafe, Ziegen auf seinen Besuch – und natürlich eine kleine Eisenbahn, die ratternd ihre Runden dreht.

Der Schongauer Märchenwald ist für Rollstuhlfahrer geeignet, verfügt über kostenlose Parkplätze und wartet für Eltern auch mit Sonnenliegen auf.

DEM KLANG DES HOLZES AUF DER SPUR: IM KLANGLABYRINTH AUF DEM WALDERLEBNISPFAD AUF PEITINGS KALVARIENBERG GLAUBT MAN, SEINEN OHREN NICHT TRAUEN ZU KÖNNEN: VERSCHIEDENE HOLZTYPEN KÖNNTEN UNTERSCHIEDLICHER NICHT KLINGEN. EIN KUNDIGER INSTRUMENTENBAUER NUTZT DIESE EIGENSCHAFT DES WALDES FÜR SEINE ZWECKE AUS.

PARKPLATZ AM SCHÜTZENHAUS /// SONNENBICHL /// 86971 PEITING /// 0 88 61 / 65 35 /// WWW.PEITING.DE ///

ERLEBNIS LERNEN: UNTERHALTSAMES ÖKOSYSTEM WALD

Peiting – Walderlebnispfad

15

Wer sagt, dass gutes Wetter ausschließlich Sonnenschein bedeutet? Ein Waldspaziergang bietet sich auch an einem nebligen Tag an, schließlich freuen sich Bäume, Sträucher, Pilze und Farne über die Feuchtigkeit, die da von allen Seiten daherkommt. Auch der Frischluftfreund darf sich über befreite Atemwege nach der kleinen Wanderung freuen – hohe Luftfeuchtigkeit ist eben selten am Alpenrand.

Am Peitinger Kalvarienberg lässt sich ein etwas anderer Waldspaziergang unternehmen, mit dem Eltern ihre Kinder für den Lebensraum Wald begeistern – oder sich selbst neues Wissen aneignen können. Dort befindet sich ein Walderlebnispfad, bei dem absichtlich auf das Erleben anstatt auf das Lernen gesetzt wurde. Eine weise Entscheidung. Denn spielerisch lässt sich immer noch am meisten lernen. Entlang der vier Kilometer Weg befinden sich jede Menge Stationen, auf denen ganz nebenbei Wissenswertes über das Ökosystem Wald vermittelt wird. So steht zum Beispiel Barfußwandern, Bäumeraten, Klettern oder Springen an. Wie an der Sprunggrube, wo gerade zwei Buben mit gebleckten Zähnen über das Absprungbrett jagen. »Übertreten!«, petzt die kleine Schwester. Dem Schummler hat's nichts gebracht – das Ziel, so weit wie ein Hirsch zu springen, hat er nicht erreicht. Der kommt nämlich noch weiter als der menschliche Weltrekordhalter, das lässt sich den aufgestellten Tafeln entlang der Sprunggrube entnehmen. Die Buben sind nicht viel weiter als Feldhasen gesprungen – was ihren Stolz nicht mindert.

Die beiden frischgebackenen Hasen rennen zur nächsten Station und vergessen, die kleinen Kunstwerke entlang des Wegs zu bewundern: Abermillionen kleine Wassertröpfchen haben das hohe Gras am Wegesrand zur Augenweide gemacht; kunstvoll gesponnene Spinnennetze glitzern wie kleine Kostbarkeiten durch den Nebel. Manchmal ist Nebel eben richtig gutes Wetter.

Die Tourist-Information Peiting organisiert geführte Wanderungen unter dem Motto »Natur mit allen Sinnen spüren«. Info unter 08861/6535.

DER WEG VON DER AMMERSCHLUCHT AUF DEN SCHNALZGIPFEL IST GESÄUMT VON BERGBLICKEN DURCHS BLÄTTERWERK. VOM KALKOFENSTEG, DER DIE BEIDEN AMMERUFER VERBINDET, FÜHRT EIN STEILER STEIG AUF DIE ERHEBUNG UND WEITER NACH BÖBING.

DAS JOHANNIFEUER IST EINE TRADITION, DIE AUS VORCHRISTLICHER ZEIT STAMMT. SO ERKLÄREN SICH FOLGENDE BRAUCHTÜMER: EIN SPRUNG ÜBER DAS FEUER VERSPRICHT BALDIGE HEIRAT UND SCHUTZ VOR HEXEN UND GEISTERN.

SOIER SEE /// AM KURPARK 1 /// 82435 BAD BAYERSOIEN ///

DÄMONEN UND HEILIGE

Bad Bayersoien – Johannifeuer

16

Die Faszination, die seit jeher von der Sommersonnenwende ausgeht, ist leicht nachvollziehbar. Um den längsten Tag des Jahres zu feiern, entzündeten die Menschen schon im 12. Jahrhundert im heutigen Skandinavien, Teilen Deutschlands und Österreichs Sonnwendfeuer. Die Kirche griff diesen Brauch auf und nannte die Feuer, die der Überlieferung nach krankheitsbringende Dämonen und gefährliche Wetterlagen abwehren sollten, »Johannifeuer«. In Schweden hat dieser Brauch keine christliche Umwidmung erhalten, bis heute ist dort die Mittsommernacht das wichtigste Fest im Jahr – nach Weihnachten.

Am 24. Juni feiert die Kirche das Geburtsfest des heiligen Johannes des Täufers. Klar, dass auch im von Kirche und Brauchtum tief geprägten Pfaffenwinkel der Johanni-Tag große Bedeutung hat und der Brauch der Johannifeuer eifrig gepflegt wird. Um genau zu sein, ist der Pfaffenwinkel sogar ein Dorado für Johannifeuer-Freunde, die teilweise von weither anreisen, um diese Mischung aus heidnischem Brauch, katholischer Tradition und bayerischem Brauchtum zu erleben. Es ist schwierig, das schönste Feuer im Pfaffenwinkel auszumachen – manche finden an besonders schönen Orten statt, andere in Verbindung mit einem besonders schönen Fest. Eine gute Mischung aus beidem findet sich in Bad Bayersoien.

Dort kümmert sich der *Volks- und Trachtenverein Ammertaler Bayersoien* darum, dass der Brauch erhalten bleibt. Gemeinsam schichten dessen Mitglieder das Holz auf und bewachen es von da an rund um die Uhr. Nicht, dass irgendein Witzbold das Feuer zu früh anzündet. Am Abend spielt dann die Blaskapelle, an Biertischen gibt's Brotzeit und Bier. Das Feuer brennt ab der einbrechenden Dunkelheit und spätestens dann dürfte die Faszination gut nachzufühlen sein, die von den riesigen Feuern in der kürzesten Nacht des Jahres ausgeht.

Nicht nur in Bad Bayersoien, sondern auch auf dem Hohen Peißenberg, in Bernried, Steingaden oder Böbing gibt es Johannifeuer. Info bei den Gemeinden.

HOCH RECKEN SICH DIE BÄUME IN DER AMMERSCHLUCHT ZUM LICHT. DEN LAUF DER IN DIESEM ABSCHNITT WILDEN AMMER SÄUMEN SCHÖNE LAUBWÄLDER UND MACHEN DIE SCHLUCHT AUCH IM SOMMER ZU EINEM GUTEN ORT FÜR EINE WILDE WANDERUNG.

DIE SCHNALZ: EINE WILDNIS, UMGEBEN VON KULTURLANDSCHAFT

Ammertal zwischen Peißenberg und Rottenbuch

17

Blickt man vom Aussichtsplateau des Hohen Peißenbergs in Richtung Alpen, kann man ganz in der Nähe eine kleine Wildnis sehen. Natürlich ohne es zu wissen. Niemand würde glauben, dass sich inmitten gewachsener Dörfer und der Kulturlandschaft des Pfaffenwinkels ein wildes Reservat gehalten hat.

Um den Ammerabschnitt zwischen Peißenberg und Rottenbuch zu erkunden, braucht es ein paar Stunden Zeit, Brotzeit, stabile Schuhe und eine Wasserflasche. Eine gute halbe Stunde lang führt eine Forststraße rechts der Ammer entlang flussaufwärts und ist nicht weiter spektakulär. Dann kommt das unbewirtschaftete Waldhaus Schnalz auf der rechten Seite in Sichtweite; urige Bänke und ein plätschernder Brunnen laden zur ersten Brotzeit ein. Ehrensache, dass man seinen Müll wieder mitnimmt. Von hier an ist jeder Meter ein Gewinn. Die Natur wird archaischer, der Fluss ist fast immer im Blickfeld und vor allem im Herbst gleichen die schwelgerisch gefärbten Wälder im Ammertal eher der kanadischen Wildnis als einem Fleck mitten in Oberbayern. Während die Ammer um stattliche Felsblöcke herumsprudelt, die sie einst aus den Bergen hierhergebracht hat, tummelt sich im Altwasser allerlei Getier: Ein Reiher stelzt durchs Schilf, Kröten sitzen an den Tümpeln und irgendwo trommelt ein Specht. Über eine Holzbrücke, den Kalkofensteg, lohnt ein kleiner Abstecher zu kleinen Höhlen am Ufer und Kiesbänken in der Sonne. Sie können außerhalb der Brutzeiten guten Gewissens als Badeplatz, Brotzeitstelle oder Fotokulisse genutzt werden (unbedingt die Kanuampeln an den Einstiegsstellen beachten).

Auf schmalen Pfaden und steilen Tritten geht es rechts entlang der Ammer durch wundervollen Laubwald weiter in Richtung Kloster Rottenbuch. Diese echte Sehenswürdigkeit ist ein Kontrast zur wilden Schnalz – und ein würdiger Tourabschluss.

Das Kunst-Café am Torbogen zum Klosterhof in Rottenbuch wartet mit einer stattlichen Kuchenkarte und einem netten Biergarten auf. Telefon: 08867/921040.

DAS MOORWASSER IST SANFT UND FÜHLT SICH GESCHMEIDIG AN – AUSSERDEM WIRD ES SCHNELLER WARM ALS »KLARES« WASSER. SÜDLICH DES SEES BEFINDET SICH EINE LIEGEWIESE MIT KIOSK UND BOOTSVERLEIH.
KUR- UND TOURIST-INFORMATION /// DORFSTRASSE 45 /// 82435 BAD BAYERSOIEN /// 0 88 45 / 7 03 06 20 /// WWW.BAD-BAYERSOIEN.DE ///

VON DEN VORZÜGEN DES SCHWARZEN SCHLAMMS

Bad Bayersoien – Moor

18

Es ist schon eine saubere Brühe, die da im Becken vor sich hinschwappt. Und »sauber«, im Bairischen eigentlich als verstärkendes »regelrecht« gebraucht, trifft den Nagel doppelt auf den Kopf. Denn sauber ist das pechschwarze, feucht schimmernde Moor im Tretbecken am Soier See auf alle Fälle. Und ob es nun dem Instinkt oder unzähligen Wellness-Werbekampagnen geschuldet sein mag: Einer Handvoll von der feuchtwarmen Erde sieht man förmlich an, dass in ihr geballte Gesundheit und fruchtbares Leben schlummern.

Der Eindruck trügt nicht. Moor ist gesund. Nicht weit entfernt vom so interessanten wie landschaftlich reizvoll angelegten *Moor- und Seelehrpfad* am Soier See nutzt man die uralten Heilkräfte des zigtausend Jahre alten Bergkiefernhochmoors. Für Moorbäder und Anwendungen im Sanatorium des relativ jungen Bad Bayersoien wird es schonend abgebaut – und anschließend zurückgeführt. Nach gut zehn Jahren hat es sich regeneriert. So können sich Kurgäste guten Gewissens in Wannen voll mit sämigem Bergkiefernhochmoor legen und seine heilenden Kräfte spüren. Moorbäder helfen bei Stoffwechselerkrankungen, rheumatischen Beschwerden sowie bei allen möglichen Störungen des Nervensystems. Und auch die Fruchtbarkeit, die sich dem »schwarzen Gold« anfühlen lässt, ist keine Mär: Als natürliches Hilfsmittel bei unerfülltem Kinderwunsch werden Moorbäder seit alten Tagen eingesetzt.

Man muss nicht Kurgast sein, um die entspannende und heilende Wirkung des Moors bei Bad Bayersoien zu spüren. Es genügt schon, wenn man sich ein paar Stunden Zeit nimmt und durch die idyllischen Feucht- und Moorgebiete in den Naturschutzgebieten um Bad Bayersoien herumspaziert. Unberührte Natur vor unverbauter Bergkulisse auf etwa 800 Metern Höhe sind sowohl im Sommer als auch im Winter purer Balsam für die Seele.

Bad Bayersoien liegt in einem wahren Wanderparadies. Erkunden lässt sich die Gegend auch mit den Gästeführern Karin und Bernd Olbrich: www.gf-bb.de

ABENDSTIMMUNG AM LUGENAUER SEE, WENN DIE BADEGÄSTE AUF DEM HEIMWEG SIND UND DER SEE RUHIG IN DER DÄMMERUNG LIEGT. DANN TANZEN IM UFERGEBÜSCH DIE GLÜHWÜRMCHEN.

LUGENAUER SEE /// LUGENAU /// 82389 BÖBING ///

SCHNELL AUF ANGENEHMER BADETEMPERATUR

Böbing – Lugenauer See

1/11

Die bloße Nennung des kleinen, aber schönen Moorsees im Norden von Böbing löst bei einigen Pfaffenwinkel-Bewohnern einen Reflex aus, wonach sofort die fruchtlose Debatte anzustoßen ist, ob der Lugenauer See nicht eigentlich doch korrekt als Weiher zu bezeichnen wäre. In Böbing selbst ist man die Diskussion »See« oder »Weiher« einigermaßen leid. Der Lugenauer See würde schon Lugenauer Weiher heißen, wenn's einer wäre und damit sei das Thema auch erledigt.

Woran das liegt, bleibt im Dunkeln. Ist es die romantische Lage des Gewässers, umgeben von Wald und Wiesen, die auf einen Landschaftsweiher schließen lässt? Vermutlich doch eher die geringe Fläche, die sein eigentlicher Zweck bedingt: Der Lugenauer See wurde aufgestaut, um der Mühle im Tal eine stetige Wasserversorgung zu garantieren. Seine verhältnismäßig kleine Fläche geht mit vielen Vorteilen einher – so wird er zum Beispiel recht schnell warm; schon nach ein paar sonnigen Tagen ist sein Wasser auf angenehme Badetemperaturen aufgeheizt, was auch an seiner geringen Tiefe von maximal vier Metern liegt. Aufgrund des gemächlich abfallenden Bodens steht der Lugenauer See hoch im Kurs bei Familien mit Kindern: Auch kleine Nichtschwimmer können hier relativ gefahrlos im Uferbereich im Wasser spielen. Außerdem gibt es Toiletten und Umkleidekabinen – ein kleiner Kiosk bietet während der Saison auch Erfrischungen an.

Im Hochsommer, wenn die Hitze auf den Pfaffenwinkel drückt, kann sich der See schon mal auf Werte zwischen 25 und 30 Grad aufheizen. Im Spätsommer, wenn die Masse der Badegäste weniger geworden ist, ist der kleine See einer der schönsten Plätze, die man sich vorstellen kann. Der nahe Ammerwald kleidet sich in alle möglichen Rottöne – eine fabelhafte Kulisse für einsame oder zweisame Runden im kleinen See.

Im Winter sind auf dem See Eisstockschützen, Eishockeyspieler und Schlittschuhläufer unterwegs. Parkplätze in der Nähe sind begrenzt vorhanden.

DIE WALLFAHRTSKIRCHE IST TÄGLICH VON 7 BIS 18 UHR GEÖFFNET. FÜHRUNGEN KÖNNEN ÜBER DAS BÜRO DES WALLFAHRTSSEELSORGERS UNTER TELEFON 0 88 05 / 9 20 10 VEREINBART WERDEN.

WALLFAHRTSKIRCHE MARIAE HIMMELFAHRT ///
MATTHÄUS-GÜNTHER-PLATZ 6 /// 82383 HOHENPEISSENBERG ///
WWW.BAYERISCHER-RIGI.DE ///

METEOROLOGISCHES OBSERVATORIUM HOHENPEISSENBERG ///
ALBIN-SCHWAIGER-WEG 10 /// 82383 HOHENPEISSENBERG ///
WWW.DWD.DE/MOHP ///

EIN HOCH GELEGENER GRENZORT MITTEN IM PFAFFENWINKEL

Hoher Peißenberg

19

Wallfahrtskirche, Wetterstation und Weitsicht – deswegen kommen Besucher auf den Hohen Peißenberg. Und um Verwirrungen auszuschließen, eins gleich vorweg: Mit »Hoher Peißenberg« ist der 988 Meter hohe Bergrücken gemeint, der sich in der Mitte des Landkreises Weilheim-Schongau erhebt, und nicht der gut 200 Höhenmeter tiefer liegende Ort Hohenpeißenberg. Wobei die Besiedelung des Hohen Peißenbergs auch den Beginn der Ortsgeschichte von Hohenpeißenberg markiert.

So gilt der Bau einer Kapelle 1514 auf dem Berg auch als Gründungstermin der Gemeinde, deren Siedlungsgeschichte eigentlich erst durch den Bergbau in den 1840er-Jahren so richtig losging. Von seiner Ortsmitte aus startet man auch am besten eine Wanderung auf den Berg – bei 200 Höhenmetern sei der Begriff »Bergtour« genauso vermieden wie »Spaziergang«. Der Weg hinauf ist im weitesten Sinne ein Grenzgang, denn der Hohe Peißenberg liegt auf der Grenze der Altlandkreise Weilheim und Schongau. Im Zuge der Gebietsreform 1972 wurden unter anderem deren Flächen zum heutigen Landkreis zusammengefasst, der weite Teile des Pfaffenwinkels umschließt.

Was übrigens in den Köpfen der Landkreisbewohner noch nicht so recht angekommen zu sein scheint. So interessiert einen »echten« Weilheimer das Treiben »hinterm Berg«, also in Ingenried, Peiting oder Schongau, eher in verhaltenem Maße. Umgekehrt ist es nicht anders. Lediglich mit dem Hohen Peißenberg identifizieren sich beide Landkreisteile gleichermaßen. Mit Feindschaft hat das alles übrigens nichts zu tun, eher mit »anders«. Schließlich trennt der Hohe Peißenberg nach lokaler Lesart die Schwaben von den Bayern – was auch Ortsunkundige an der Sprachfärbung feststellen können. Während im östlichen Landkreis das typische Bairisch des Münchener Südens gesprochen wird, hört man schon ab Peiting einen Einschlag in den Lechrainer Dialekt. Spätestens in Schongau klingt die Sprache richtig anders.

Auf dem Gipfelplateau offenbaren sich gleich die Sehenswürdigkeiten: ein 160 Meter hoher Funkturm, der die charakteristische

Silhouette des Hohen Peißenbergs seit 1978 prägt, die Wallfahrtskirche und, dahinter verborgen, die älteste Bergwetterwarte der Welt. Gegenüber der Kirche steht das alte Schulhaus, das sich heute in Privatbesitz befindet und der Legende nach hier oben gebaut wurde, damit es die Kinder aller Bergbewohner gleich weit in die Schule haben. Von der Terrasse des Gasthofs *Bayerischer Rigi* sieht man bei idealen Bedingungen bis zum Großvenediger. An solchen Tagen ist am nördlichen Horizont auch der Münchener Fernsehturm in Sicht.

Westlich davon erhebt die Wallfahrtskirche *Mariae Himmelfahrt* ihren Turm in den weißwolkigen Himmel – nebst Priesterwohnhaus und dem eigentlichen Wallfahrtsort – der Gnadenkapelle. Das kleine, später in die Doppelkirche integrierte Gebäude ist sozusagen der Kern der Geschichte des Hohen Peißenbergs: Das Marienbild darin wird als Gnadenbild verehrt.

Die Augustiner sorgten sich damals übrigens nicht nur um das Seelenheil der Pilger, sondern stellten auch wissenschaftliche Aufzeichnungen an. 1781 richteten sie auf dem Hohen Peißenberg eine Bergwetterstation ein. Zuerst beobachteten die Augustiner den Himmel, nach der Säkularisation führten Pfarrer und Lehrer der benachbarten Schule Beobachtungen und Messungen fort; auf dem Priesterwohnhaus entstand dazu eine Beobachtungsplattform, die kürzlich mit einigem Aufwand in ihren Originalzustand zurückversetzt worden ist. Mittlerweile befindet sich das Meteorologische Observatorium, wie es seit 1950 heißt, auf einem Grundstück westlich der Wallfahrtskirche.

Manfred Kronier führt auf Anfrage durch seinen ehemaligen Arbeitsplatz, die Wetterwarte auf dem Hohen Peißenberg. Terminvereinbarung: 069/80629701.

EIN WETTERLEHRPFAD FÜHRT WETTERINTERESSIERTE BESUCHER DES HOHEN PEISSENBERGS UM DAS GIPFELPLATEAU HERUM.

TERRASSEN-CAFÉ-RESTAURANT /// MATTHÄUS-GÜNTHER-PLATZ 2 /// 82383 HOHENPEISSENBERG ///

IST DAS WETTER WIRKLICH SCHÖNER, HERR KRONIER?

Das Wetter im Pfaffenwinkel

Um ihren Arbeitsplatz werden Leute nur selten beneidet. Anders Manfred Kronier. Als Wetterbeobachter war er 35 Jahre lang beim Meteorologischen Observatorium auf dem Hohen Peißenberg tätig. Im Interview erklärt der Fachmann, wieso der Eindruck stimmt, im Pfaffenwinkel sei das Wetter irgendwie immer ein bisschen besser als in weiten Teilen der Republik.

Wieso ist das Wetter im Pfaffenwinkel besser als anderswo, Herr Kronier?

Das hängt mit der Lage des Pfaffenwinkels im Alpenvorland zusammen. Die Berge schließen sich ringförmig im Süden, Südwesten und Südosten außen herum. Der Pfaffenwinkel bekommt seine Luft meistens aus dem Südwesten. Also dringt sie über die Berggipfel und sinkt über dem Alpenvorland ab. Dieses Absinken hat den Effekt, dass die Wetterlage aufklart. Das sind föhnartige Vorgänge – oder eben Föhn. Deshalb ist der Pfaffenwinkel wetterbegünstigt.

Dann ist das gar keine Vermutung, sondern lässt sich wissenschaftlich beweisen?

Natürlich. Die Wetterwarte auf dem Hohen Peißenberg zählt zu den Stationen mit den meisten Sonnenstunden im Bundesdurchschnitt. Die Jahresdurchschnittstemperaturen von anderen Wetterstationen in den deutschen Mittelgebirgen, die auf vergleichbarer Höhe liegen, sind im Durchschnitt ein ganzes Grad niedriger als die auf dem Hohen Peißenberg.

Der Pfaffenwinkel ist also ein besonders sonniger Ort?

Das kann man so sagen. Damit uns aber nicht zu wohl wird, erzeugen Nordwinde auch regelmäßig einen so genannten Wolkenstau an den Bergen. Anders gesagt: Nordwind drückt die Wolken an die Berge, wo sie sich dann abregnen. Deshalb ist es bei uns auch oft noch bedeckt oder regnerisch, während nördlich der Donau und im Rest der Republik schon wieder die Sonne scheint.

Sie haben 35 Jahre lang hauptberuflich auf der Wetterwarte am Hohen Peißenberg das Wetter beobachtet. Ein Traumjob?

Da ich ein lufthungriger Mensch bin, eindeutig ja. Ein Wetterbeobachter geht alle halbe Stunde hinaus und beobachtet den Himmel, kategorisiert Wolken, schätzt die Wolkenuntergrenze und stellt fest, welche Art von Niederschlag fällt. Er beurteilt die Sichtverhältnisse und trägt diese Werte anhand von weltweit gültigen Schlüsselzahlen in ein System ein. Beim Deutschen Wetterdienst in Offenbach errechnet man daraus – und aus den automatisch gemessenen Werten – den Wetterbericht.

Wieso sind Sie Wetterbeobachter geworden?

Ich war schon als Schulbub sehr wetterinteressiert. Deswegen bin ich auch immer am Fenster gesessen und immer völlig außer mir vor Freude, wenn zum Beispiel der erste Schnee gefallen ist. Außerdem bin ich ein sehr naturverbundener Mensch.

Nutzt sich der grandiose Ausblick vom Hohen Peißenberg in 35 Jahren ab?

Nein, überhaupt nicht. Auch die Nachtschichten – Wetterbeobachter arbeiten ja rund um die Uhr im Schichtdienst – in denen man ganz allein den Ausblick genießen kann, sind wunderschön. Auch nach 35 Jahren noch.

Zwei Wetterdaten, die Ihnen in Erinnerung geblieben sind?

Das erste ist der 13. August 2003. Da durfte ich an meinem Geburtstag die zweithöchste jemals auf dem Hohen Peißenberg gemessene Temperatur vom Thermometer ablesen: 33,1 Grad Celsius. Und das zweite sind die schweren Stürme Ende Februar 1990, Vivian und Wiebke, die weite Teile des Pfaffenwinkels verwüstet haben.

Zur Person: Manfred Kronier, geboren 1947 in Weilheim, war zunächst im Landratsamt Weilheim angestellt. Er ging aber bald nach München, um sich den Traum vom Leben als freischaffender Musiker und Dichter zu erfüllen. Weil sich der Wunsch nach Familie und sicheren Finanzen einstellte, schrieb er sich an der Fachschule für Wetterbeobachtung ein. Danach arbeitete er 35 Jahre lang als einer von mehreren Wetterbeobachtern bei der Wetterwarte auf dem Hohen Peißenberg.

SOWOHL DIE EUROPAWEIT GESCHÄTZTEN STUCKATEURE DER WESSOBRUNNER SCHULE HABEN HIER IHREN URSPRUNG ALS AUCH DAS ÄLTESTE DENKMAL DEUTSCHER SPRACHE: DAS WESSOBRUNNER GEBET.

PFARRAMT WESSOBRUNN /// KLOSTERHOF 6 /// 82405 WESSOBRUNN /// 0 88 09 / 2 22 /// WWW.PFARREI-WESSOBRUNN.DE ///

TOR ZU EINER ANDEREN, RUHIGEREN WELT

Kloster Wessobrunn

20

Klöster werden generell als Ort der Ruhe und Einkehr geschätzt. Und nicht wenige Orden bieten Seminare oder »Kloster auf Zeit«-Aufenthalte an, um einer Gesellschaft entgegenzukommen, in der das Burnout-Syndrom als Volkskrankheit gilt. Auf dem Gelände des ehemaligen Benediktinerklosters Wessobrunn lässt sich ohne Anleitung zur Ruhe kommen. Das Beste daran: Die Einkehr kostet nichts, außer ein bisschen Zeit.

Im Klosterhof ist ein kleiner Parkplatz, von dem aus der Weg durch einen Torbogen neben einem 1250 errichteten Römerturm führt, der auch »Grauer Herzog« genannt wird. Er markiert gleichsam das Tor zu einer anderen, ruhigen Welt. Weiche, grasige Hügel verwöhnen das Auge, entferntes Vogelgezwitscher mischt sich in das Glucksen von Wasser. Hier, am Brunnenhaus und seinen drei gefassten Quellen, entspringt nicht nur die Geschichte des Klosters und der Ortschaft Wessobrunn – sondern auch reinstes Wasser, das die Brunnenbecken speist. Beim Anblick der still stehenden Forellen, die im klaren Becken aussehen, als wären sie in Kristall gegossen, sei die Gründungslegende erzählt. Der bayerische Herzog Tassilo III. gründete an dieser Stelle 753 das *monasterium Wessofontanum*, weil er während einer Wildschweinjagd im Nachtlager unter einer Linde einen bedeutsamen Traum hatte. Der Apostel Petrus erschien ihm auf einer Himmelsleiter, zu deren Füßen drei Quellen kreuzförmig zusammenflossen. Als sein Begleiter Wezzo am nächsten Morgen drei Quellen in der Nähe fand, gelobte Tassilo, ein Kloster zu stiften.

Den Platz, an dem die erste St. Petrus geweihte Klosterkirche stand, durchschlängelt der Weg zur über 1000 Jahre alten Tassilolinde ebenso wie ein kleiner Bachlauf reinsten Wassers. An seinen Ufern lässt sich hervorragend verweilen – und abschalten.

Das ehemalige Kloster ist im Rahmen einer Führung zu besichtigen. Äußerst zu empfehlen – nicht nur wegen des berühmten Tassilo-Saals.

DER FREI STEHENDE RÖMERTURM VON 1260, AUCH »ALTER HERZOG« GENANNT, WAR DER GLOCKENTURM DER EHEMALIGEN ROMANISCHEN KLOSTERKIRCHE ST. PETER.

PFARRKIRCHE ST. JOHANN BAPTIST WESSOBRUNN /// KLOSTERHOF 6 /// 82405 WESSOBRUNN /// 0 88 09 / 2 22 /// WWW.PFARREI-WESSOBRUNN.DE ///

SCHÖNHEIT AN DER QUELLE

Wessobrunn – Pfarrkirche St. Johann Baptist

21

Die Gottesmutter neigt ihr blumenbekränztes Haupt zum linken unteren Bildrand. Zur bescheidenen Haltung passt, dass sie ihr Gesicht lediglich zur Hälfte in einen zarten Lichtstrahl hält, der dem Betrachter ihre feinen Gesichtszüge offenbart. Obwohl ihre Lippen kein sichtbares Lächeln umspielt, wirkt die junge Maria glücklich.

»Mutter der schönen Liebe« heißt das Gemälde, mit dem Benediktiner-Frater Innozenz Metz um 1700 ein ansprechendes, aber für seine Zeit sehr untypisches Mariengemälde schuf. Weit geläufiger waren in jenen Tagen zum Beispiel Pietà-Darstellungen, die eine trauernde Mutter zeigen, der man ihren hingerichteten Sohn in den Schoß gelegt hat. Und außerdem erhielten die Künstler jener Tage oft die Order, die Gesichtszüge ihrer Stifter in den Antlitzen der abzubildenden Heiligen zu verewigen. Da die Geldgeber oft, sagen wir, nicht nach ihrer Schönheit ausgewählt wurden, lassen sich die klassischen Darstellungen von Maria als schöner Frau an ein paar Händen abzählen. Allein um dieses untypische Gnadenbild zu sehen, kommen viele Menschen von weit her in die Wessobrunner Pfarrkirche St. Johann Baptist. Doch nicht nur deswegen: Hier lassen sich einige Werke der Wessobrunner Schule des 17. und 18. Jahrhunderts sozusagen »an der Quelle« bestaunen. Die Wessobrunner Schule verfügte über 600 Baumeister, deren Werke von Schloss Versailles bis Russland in über 3.000 Kirchen und Schlössern zu sehen sind. Der berühmte Baumeister Joseph Schmuzer erbaute die Kirche, mit den Innenarbeiten beauftragte der Bauherr, Abt Beda Schallhammer, den Wessobrunner Künstler Thassilo Zöpf.

Auch Relikte aus der originalen Klosterkirche, die wegen ihres schlechten Zustands ersetzt werden mussten, finden sich noch im »neuen«, barocken Gotteshaus. Zum Beispiel ein monumentales romanisches Holzkreuz von 1250.

Die Kreuzbergkapelle an der Straße Richtung Landsberg bezeugt stumm Grausamkeiten: 955 richteten ungarische Söldner an dieser Stelle sieben Mönche hin.

DIE MÄCHTIGE, JAHRHUNDERTEALTE TASSILOLINDE IN WESSOBRUNN IST DER WOHL BEKANNTESTE BAUM IM PFAFFENWINKEL. UNTER IHR SOLL HERZOG TASSILO IM NACHTLAGER JENEN TRAUM GEHABT HABEN, DER IHN SPÄTER ZUR KLOSTERGRÜNDUNG VERANLASST HAT.

URALTE GERICHTSBÄUME UND EINE FLATTERULME

Baumgeschichten-Radweg

22

Wenn das Frühjahr mit aller Kraft in die Pflanzen fährt und die ersten heißen Tage im Jahr Büsche, Sträucher und Bäume mit bunten Blüten überziehen, dann dauert es nicht mehr lang, bis der beste Platz der Welt der unter einem Baum ist. Am besten einem alten Baum mit großer Krone, von weichen, hellgrünen Blättern üppig bedeckt.

Auch im Spätsommer, wenn die großen Laubbäume nach den ersten kühlen Tagen die Hitze des Sommers in allen möglichen feurigen Farben ausschwitzen, gibt es im Pfaffenwinkel gleich ein paar Orte, an denen man mit ein paar freien Stunden zur Verfügung gut aufgehoben ist. Am Ufer des Staffelsees zum Beispiel stehen ein paar uralte Eichen, deren erhabener Anblick einem Kunstwerk gleichkommt. Auch Grenzbäume, mit denen Bauern ihre Fluren markiert haben und die über die Jahrhunderte unbehelligt nach allen Seiten hin wachsen konnten, gibt es in der ländlich geprägten Region zuhauf. Oft finden sich Bänke in ihrem Schatten, manchmal sind auch Wegkreuze oder Marterl errichtet. Heike Grosser ist am Landratsamt Weilheim-Schongau als Kreisfachberaterin für Gartenkultur und Landespflege tätig. Als solche wird sie unter anderem gefragt, wenn jemand einen besonderen Baum als Naturdenkmal anerkannt haben möchte. Ihr jüngster »Fall« war zum Beispiel eine Flatterulme im Schongauer Schlosspark – eines der südlichsten Vorkommen der Ulmenart. Auch weiß sie von einer großen Birke im idyllischen Dorf Birkland, von Gerichtsbäumen, unter denen in früheren Zeiten Femegerichte zusammentraten und natürlich den Wessobrunner Linden zu erzählen.

Ein Radweg unter dem Motto »Radeln von Baum zu Baum«, zu dem ein gleichnamiges Buch erschienen ist, fasst einige bemerkenswerte Bäume und ihre Geschichten zusammen, die auch auf Tafeln vor Ort nachzulesen sind.

Thomas Janschecks Baumgeschichten sind als Buchreihe »Radeln von Baum zu Baum« erschienen – hier finden Sie Informationen dazu: www.baumgeschichten.de

VON DER STAATSSTRASSE 2057 VON LANDSBERG RICHTUNG WEILHEIM FÜHRT DER WEG BIS NACH ZELLSEE. VON DORT AUS NACH PATERZELL BESCHILDERT; DER EIBENWALD UND DER GASTHOF »ZUM EIBENWALD« LIEGEN LINKS DER STRASSE.

EIBENWALD PATERZELL /// 82505 WESSOBRUNN ///

ENTSPANNUNG IST REINER EIBENNUTZ

Paterzell – Naturschutzgebiet Eibenwald

23

Als die junge Dame aus dem Auto steigt, ist ihre bevorstehende Verwandlung nicht zu erahnen. Sie zieht sich eine samtene Robe über, setzt sich einen goldenen Reif aufs Haar und geht zum Tor, das den Anfang des Paterzeller Eibenpfads markiert. Versunken in ihre Gedanken, bemerkt sie den Wanderer nicht, der die drehwüchsige Eibe bewundert, in deren Schatten sie sich setzt. Dort meditiert sie, um die Kraft dieses geheimnisvollen Ortes in sich aufzunehmen.

Ein paar Minuten im Paterzeller Eibenwald genügen, um zu verstehen, wieso ihn Menschen mit Hang zum Überirdischen als »Kraftort« verstehen. Zum einen war die Eibe als einziger heimischer Giftbaum schon seit jeher von Legenden umrankt. Hinzu kommt das vergleichsweise kleinteilige und doch üppige Aussehen eines Eibenwaldes, der sofort die Assoziation »verwunschen« weckt. Um zu gedeihen, braucht er vor allem klares Quellwasser, einen steinigen Untergrund, den Schatten größerer Bäume und Ruhe – um über Jahrhunderte langsam wachsen zu können.

Entsprechend wuchert es in unterschiedlichsten Grüntönen im Paterzeller Eibenwald, der zu den ältesten deutschen Naturschutzgebieten gehört. Mit über 2.000 Alt-Eiben ist der Bestand der größte in ganz Deutschland. Auf einem knapp ein Kilometer langen Eibenpfad lässt sich an zehn Stationen Interessantes über die so seltene wie seltsame Baumart lernen. Etwa, dass Eibenholz für den Waffenbau sehr geschätzt war. Schon Ötzi verließ sich darauf, um seine Alpenüberquerung zu sichern: An seinem Gürtel fand man einen Eibenbogen und eine Axt mit Eibenstiel.

All dieses Wissen ist aber angenehme Nebensache im Eibenwald, den jeder anders nutzt. Der Wanderer, um auf verschlungenen Pfaden zu schreiten. Der Gestresste, um sich vom satten Immergrün beruhigen zu lassen. Und die Teilzeit-Waldfee, die, umgeben von uralten Bäumen, innere Einkehr sucht.

Der nahe Gasthof *Zum Eibenwald* lockt nicht nur mit einer Aussichtsterrasse: Dort kann man auch parken, wenn der Eibenwald-Parkplatz zu voll sein sollte.

DIE KOORDINATEN SEIEN SICHERHEITSHALBER VERRATEN:
47°51'00'' N UND 11°03'47'' O, HÖHE: 591 METER

LUFTSPORTVEREIN WEILHEIM-PEISSENBERG ///
PEISSENBERGER STRASSE 27 /// 82405 WESSOBRUNN / PATERZELL ///
0 88 09 / 6 88 /// WWW.PATERZELL.DE ///

SCHÖNER VERLUST DER BODENHAFTUNG

Paterzell – Flugplatz

24

An heißen Tagen liegt im Pfaffenwinkel ein Surren in der Luft. Wer in Sichtweite des Hohen Peißenbergs aufgewachsen ist, für den gehört das »Sommersurren« zu einem heißen Tag genauso wie das Gefühl von Sonne auf der Haut. Seinen Ursprung hat es ein paar hundert Meter über dem Boden: Motorsegler oder Motorflugzeuge mit einem Segelflieger im Schlepptau schnurren über den Himmel.

Ihr Start- und Landeplatz befindet sich ein paar Kilometer nördlich des Hohenpeißenbergs, im Wessobrunner Ortsteil Paterzell. Dort, nicht weit entfernt vom Naturschutzgebiet Eibenwald, hat der Luftsportverein Weilheim-Peißenberg seine Heimat. Der nicht gerade kleine Flugplatz ist Treffpunkt zahlreicher Hobbypiloten aus der Umgebung und zahlreicher flugbegeisterter Gäste. Hervorgegangen aus dem Segelfliegerclub Peißenberg und der Segelfluggruppe Weilheim, ist der momentan 120 Mitglieder starke Verein eine Institution – und sein Gelände beliebtes Ziel von Radtouren oder Wanderungen. An einem schönen Tag gibt's jede Menge Starts und Landungen unterschiedlichster Flugzeugtypen zu sehen und mit etwas Glück sogar waghalsige Manöver von Mitgliedern der Kunstfluggruppe. Kurzum: Es wird nicht langweilig auf dem Flugplatz. Mal brettert die rote Schleppmaschine vom Typ Husky über die Piste, mal zieht die Seilwinde fauchend ein Segelflugzeug mit jeder Menge Power in den Himmel – wo es dann still seine Runden dreht und nur noch zu sehen ist, wenn seine Tragflächen das gleißende Sonnenlicht reflektieren.

Noch schöner als diesen still vor sich hinblitzenden Nadeln am Himmel zuzusehen, ist ein eigener Flug. In Paterzell kann es einem durchaus passieren, dass man auf kurzem Amtsweg den Boden unter den Füßen verliert und zu einem Flug über den Pfaffenwinkel eingeladen wird. »Fliegen ist nicht elitär«, lautet die praktizierte Botschaft des Vereins.

Der Verein bietet auch Rundflüge über den Pfaffenwinkel und das Voralpenland an. Die Konditionen lassen sich unter 08809/688 bei der Flugleitung erfragen.

INSGESAMT 100 KILOMETER ERSTRECKTEN SICH
DIE BERGWERKSSTOLLEN UNTER DEM HOHEN PEISSENBERG.

BERGBAUMUSEUM PEISSENBERG /// TIEFSTOLLEN 2 ///
82380 PEISSENBERG /// 0 88 03 / 51 02 ///
WWW.PEISSENBERG.DE/MARKT-PEISSENBERG/BERGBAUMUSEUM ///

GLÜCK MIT DER PECHKOHLE

Peißenberg – Bergbaumuseum

25

Ein frierender Hirtenjunge entfachte im Jahr 1580 ein Feuer an einem Hang auf der Südseite des Hohenpeißenbergs. Nachdem das Holz heruntergebrannt war, glühte der Boden weiter. Den drohenden Flächenbrand konnte der Bub gerade noch verhindern, indem er einen Bach staute und über die Feuerstelle leitete. Gut 30 Jahre später erhielt er das Lehen für den Pechkohleabbau an dieser Stelle. Der Abbau des »schwarzen Goldes« vom Hohen Peißenberg hatte begonnen.

Mit der Industrialisierung wurde der Abbau im größeren Stil betrieben. Neben den kleineren Gruben in Penzberg und Peiting befand sich in Peißenberg das größte Pechkohlebergwerk im Pfaffenwinkel. Nachdem von 1837 bis 1869 von Hohenpeißenberg her den Kohleflözen im Innern des Berges zu Leibe gerückt wurde, entstanden die neuen Stollen weiter östlich. In Peißenberg, wo mit dem Anschlag des Tiefstollens die Bergbaugeschichte 1869 ihren Anfang nahm, steht heute ein Bergbaumuseum. Und lebendiger könnte die Situation eines Bergmannes zur damaligen Zeit nicht vermittelt werden. In 14 Räumen zeigt es anschaulich die Entwicklung des Bergbaus im Pfaffenwinkel. Dabei sind außer geologischen Details auch Schachtmodelle, Werkzeuge, Uniformen und jede Menge Fotos zu sehen. In einer weiteren Halle warten Großgeräte auf Fans von starker Technik. Der eigentliche Höhepunkt der Museumstour allerdings befindet sich ein paar Meter neben dem Museum am Hang und führt tief in den Berg hinein.

Auf einer Länge von über 200 Metern haben ehemalige Bergleute den Stollen freigelegt. Eine Grubenbahn bringt die Besucher in den Berg, zurück geht's zu Fuß. Vorbei an spektakulären Stationen, unter anderem einer Sprengkammer. Dort wird auf einer Leinwand die Vorbereitung für eine Sprengung gezeigt. Wenn sie ausgelöst wird, kracht und blitzt es. Dank einer Rüttelplatte im Boden bebt sogar die Erde.

Ein etwa 10 Kilometer langer Stollenweg, der am Tiefstollen beginnt und im Verlauf mit 15 Infotafeln aufwartet, bietet zusätzliche Informationen.

FRÜHLINGSHAFTER BLICK VON DER NEUEN BERGEHALDE INS GEBIRGE. DIE HANGWIESE DAHINTER HÄLT VIELE PASSENDE PICKNICK-PLÄTZE BEREIT.

DER WAHRSCHEINLICH SCHÖNSTE SCHUTTHÜGEL DER REPUBLIK

Peißenberg – Neue Bergehalde

26

Für Spötter ist Peißenberg »das längste Dorf der Welt«. Diesen Seitenhieb versteht, wer einmal entlang der Hauptstraße durch die Marktgemeinde gefahren ist. Über vier Kilometer führt die Straße durch zwei längliche Ortsteile, die sich im Südosten um die Ausläufer des Hohen Peißenbergs legen. Seine Entwicklung verdankt Peißenberg maßgeblich dem Pechkohleabbau am Hohen Peißenberg. Entsprechend ist das Wachstum seiner beiden Teile Wörth und Dorf von Pragmatismus und von den landschaftlichen Gegebenheiten geprägt.

Zu dieser Einsicht gelangt man am besten durch die Aussicht vom Guggenberg aus. Diese Erhebung auf der östlichen, und die Ausläufer des Hohen Peißenbergs auf der westlichen Seite verhinderten, dass sich Peißenberg kreisförmig entwickelte. Bei den Peißenbergern ist dieser Höhenrücken und vor allem die angrenzende »Neue Bergehalde« als Naherholungsgebiet beliebt, seine Spazierwege entlang eines Weihers zeigen sich vor allem bei klarer Sicht spektakulär. Dann nämlich tut sich von dort aus ein Bergpanorama auf, das Joggern, Radfahrern und sportlich anderweitig Ambitionierten regelmäßig den Schnitt verdirbt. Man muss einfach innehalten und über die Ammer ins Gebirge schauen. Wer wissen will, was er dort sieht, ist an der Knappengedächtniskapelle gut aufgehoben. Dort erleichtert eine Panoramatafel die Auswahl der nächsten Bergtour.

Die Entstehung dieses schönen Fleckens verdankt Peißenberg übrigens auch dem Bergwerk. Wie der Name schon verrät, war die Neue Bergehalde nichts anderes als ein riesiger Schuttabladeplatz für Abraum. Diese Halde bot einst einen derart kärglichen Eindruck, dass sie den Bavaria-Filmstudios als Kulisse für Außenszenen der Kult-Serie *Raumpatrouille Orion* diente. Heute ist der ehedem steinerne Planet Mura ein blühendes Naherholungsgebiet, das nicht nur die Peißenberger ins Herz geschlossen haben.

Als Altar in der Knappengedächtniskapelle dient ein Grubenhunt, ein nach alten Plänen gebauter Förderwagen, mit Tischplatte.

NUR AM MORGEN IST AUF DER GROSSEN RUTSCHE NOCH NICHTS LOS: AN SOMMERTAGEN IST DAS HERZSTÜCK DER RIGI RUTSCH'N HEISS BEGEHRT.

RIGI RUTSCH'N /// PESTALOZZISTRASSE 8 /// 82380 PEISSENBERG /// 0 88 03 / 69 02 00 /// WWW.RIGIRUTSCHN.DE ///

SPASS IM SOMMER, WÄRME IM WINTER

Peißenberg – Rigi Rutsch'n

27

Man könnte meinen, ein Familienbad im Pfaffenwinkel müsste es einigermaßen schwer haben. Schließlich ist es buchstäblich umgeben von zahlreichen Badeseen und Weihern, draußen in der schönen Natur. Dennoch ist die Rigi Rutsch'n seit Jahren ein Fixpunkt für Familien, Schwimmsportler, Turmspringer und Freunde von Wasserrutschen im Sommer.

Ihr größter Unterschied zu einem Natursee ist gleichzeitig auch ihr größter Trumpf: In der Rigi Rutsch'n gibt's außer Erholung auch jede Menge Möglichkeiten für Action, allen voran in Form der namensgebenden 60-Meter-Wasserrutsche sowie zwei kürzeren Rutschen für die kleinen Gäste. Die noch kleineren können sich im 26 °C warmen Nichtschwimmerbecken tummeln oder in den Kinderbecken unterm Wasserpilz oder im Sprudel spielen. Für ihre älteren Geschwister ist das natürlich Kinderkram: Sie lehnen lässig am Geländer des Fünfmeter-Sprungturms und belächeln die, die vom »Dreier« Kerzen oder Kopfsprünge üben. Dass ihre Arschbomben weit weniger grazil wirken, stört sie dabei nicht. Wenn sie damit die Eltern am Beckenrand nassspritzen können, ist der Zweck der Übung erfüllt. Wer den Nachwuchs gut beschäftigt weiß, legt sich besser auf die große Sonnenwiese und genießt das laue Lüftchen im Schatten der alten Bäume.

Anders als ein Naturweiher, ist die Rigi Rutsch'n auch im Winter ein beliebtes Ziel für Einheimische wie Urlauber: Die Sauna im Innenbereich des Bades ist aufgrund ihrer Vielfalt beliebt – außerdem zieht das Zehnmeterbecken die Rundumsjahrschwimmer an. In der klassischen finnischen Sauna lässt sich der bayerische Winter für ein paar Momente lang vergessen, wem die 85 oder 90 Grad zu schweißtreibend sind, kann sich in der Biosauna bei 65 Grad und bei der Lichttherapie gegen die aufkommende Winterdepression wappnen.

Da die Öffnungszeiten saisonal variieren, empfiehlt sich ein Anruf oder ein Klick auf die Homepage. Die Sauna ist an Betriebstagen ab 13 Uhr geöffnet.

AM JOHANNITAG GIBT ES TRADITIONELL EINE GROSSE SONNWENDFEIER MIT JOHANNIFEUER UND MUSIK – UND UNTERM JAHR VERANSTALTUNGEN VON BLUES BIS JAZZ.

HOF-BIERGARTEN GRENZEBACH /// STILLERN 1 /// 82399 RAISTING /// 0 88 09 / 8 62 /// WWW.HOF-BIERGARTEN.DE ///

EINE RADLERMASS FÜR DURSTIGE RADLER

Stillern – Hof-Biergarten Grenzebach

28

Der Tag war sehr sonnig, die Nasen der wackeren Radfahrer haben eine zartrote Färbung über der Sommerbräune angenommen – und endlich teilt sich der Wald. Wie aus einem wohlkomponierten Bildband über das ländliche Bayern liegt Stillern vor uns. Die Radtour von Weilheim aus, entlang der Ammer nach Grasla und weiter über Paterzell, den Zellsee und Wessobrunn in Richtung Raisting war abwechslungsreich. Angesichts der vielen Stationen – ein Segel- und Motorflugplatz, ein geschützter Eibenwald und ein historisches Kloster – ist eigentlich der Weg das Ziel dieser knapp 35 Kilometer langen Tour. Eigentlich. Insgeheim aber gibt es auf dem Rundkurs einen Halt, auf den sich alle Radler unheimlich freuen.

Dieser Ort ist der Hof-Biergarten Grenzebach im Raistinger Ortsteil Stillern. Dessen Geschichte reicht mindestens bis ins 12. Jahrhundert und geht auf eine Einsiedelei an der Stelle der heutigen Kapelle zurück. Die Lichtung, auf welcher der Stillerhof in höchst idyllischer Lage steht, soll entstanden sein, weil dort einst aus Bäumen Holzkohle wurde. Sogar Napoleons Truppen haben hier schon ihre Zelte aufgeschlagen, heißt es. Dass es den Hof-Biergarten gibt, ist seiner schönen Lage entlang von Wanderwegen geschuldet; unter anderem der König-Ludwig-Fernwanderweg führt hier vorbei. Ursprünglich stand hier nur ein Hofladen, in dem hausgemachter Käse verkauft wurde – auf Nachfrage durstiger Radler entstand der Biergarten.

Heute ist der Hof-Biergarten ein Klassiker im Pfaffenwinkel, dessen Fans es nicht erwarten können, bis am 1. Mai endlich die Saison beginnt. Es sitzt sich eben wunderschön, rund ums »Salettl« herum. Serviert werden Biofleisch, Brezen und süffige Biere – ebenfalls aus ökologischer Erzeugung. Für Kinder gibt's Spielplatz und Streichelzoo, für Kultursinnige in regelmäßigen Abständen schöne Konzerte.

Der Hof-Biergarten Grenzebach hat jedes Jahr von 1. Mai bis Ende Oktober geöffnet. Nach Ende der bayerischen Schulferien jedoch nur samstags und sonntags ab 12 Uhr.

IM SOMMER VON BESUCHERN BEVÖLKERT, ABER NIE VON TOURISTEN ÜBERSCHWEMMT SIND DIE DIESSENER SEEANLAGEN. DIE ALTEN BOOTSHÄUSER GEBEN AUFSCHLUSS ÜBER DIE GESCHICHTE DES EHEMALIGEN FISCHERDORFS AM AMMERSEE.

SPAZIERGANG DURCH DAS KÜNSTLERDORF AM SEE

Dießen am Ammersee – der alte Ort

29

Jedes Jahr um Christi Himmelfahrt herum verdoppelt der Markt Dießen seine Einwohnerzahl. Der Dießener Töpfermarkt versammelt jedes Jahr vom 40. Tag nach Ostern bis zum darauffolgenden Sonntag mehr als 150 Keramik-Künstler und Töpfer aus ganz Europa – plus Besucher, versteht sich. Der ganze Ort verwandelt sich in eines der größten Keramiker-Festivals in Europa: seine Ateliers, der Taubenturm, der historische Kornspeicher »Traidtcasten« und vor allem die 150 Stände der Künstler an den schönen Seeanlagen. Dann wird auch der begehrte Dießener Keramikpreis verliehen.

Und wenn die Händler abgereist, die Koffer der kunstsinnigen Gäste gepackt und die etwa 10.000 Dießener wieder »unter sich« sind, kommt der richtige Zeitpunkt, um herauszufinden, wieso ausgerechnet hier ein derart großer Töpfermarkt entstehen konnte. Die Antwort findet sich in der Geschichte. Artefakte belegen, dass in Dießen das berühmte »plab und weiss«-Geschirr seinen Ursprung hat: blau bemaltes, weißes Keramikgeschirr. Die Mönche des im 9. Jahrhundert entstandenen Augustinerchorherrenstifts förderten die Ansiedlung von Handwerkern. Die nahen Tongruben in der Gegend um Dießen riefen selbstverständlich Hafner auf den Plan, die das Töpferhandwerk im 17. und 18. Jahrhundert perfektionierten. Vielleicht liegt es an diesem Erbe, dass Dießen bis heute bevorzugte Heimat von Malern, Bildhauern, Kunsthandwerkern und Musikern ist, die in den vielen erhaltenen historischen Häusern ihrer Kunst nachgehen.

Gleichzeitig hat sich Dießen etwas sehr Ursprüngliches erhalten. Auf den verwinkelten Wegen, den versteckten, gepflegten Plätzen oder bei einem aussichtsreichen Spaziergang vom ehemaligen Kloster hinunter zum See finden sich beinahe hinter jedem Eck Orte mit Zeug zum Lieblingsplatz.

Der bekannte Dießener Schacky-Park, ein um 1900 nach englischem Vorbild angelegter Landschaftspark, ist täglich außer Montag von 10 bis 19 Uhr geöffnet.

AUF WWW.DIESSENER-MUENSTERKONZERTE.DE GIBT ES EINE ÜBERSICHT, KARTEN UND MEHR INFORMATIONEN ÜBER DIE BEKANNTEN MÜNSTERKONZERTE.

MARIENMÜNSTER DIESSEN /// KLOSTERHOF 10 ///
86911 DIESSEN AM AMMERSEE /// 0 88 07 / 94 89 40 ///
WWW.KATHOLISCH-DIESSEN.DE ///

EINE BAROCKE WUCHT – UND EIN VERSCHWUNDENER HEILIGER

Dießen – Marienmünster

30

Nicht nur im Alpenraum kann man an vielen Orten feststellen, dass die Augustiner-Chorherren durchaus wussten, wo es schön ist. Besonders auffällig ist dieser Umstand in Dießen, wo der zwiebelgekrönte Turm des Marienmünsters weithin sichtbar vom Höhenrücken des Ammersee-Westufers aufragt.

Und so muss erst die Dießener Straßen hinaufwandern, wer diese prunkvolle Kirche besichtigen will. Immer wieder spitzt der elegante Glockenturm zwischen den Dächern der bunten Häuser des ehemaligen Fischerdorfs hervor. So wie der Turm nicht aus Dießen wegzudenken ist, bleiben Kloster und Ort in der Geschichte eng verknüpft. Gegründet als Doppelkloster vor 1150 von den Grafen von Dießen, existierte es als Männerkloster bis zur Säkularisation 1803, das Frauenkloster wurde im 14. Jahrhundert aufgegeben. Die markante Klosterkirche, die Johann Michael Fischer zwischen 1732 und 1739 erbaute, geriet zum Mittelpunkt der weitläufigen Klosteranlage. Wenn man das Münster regelmäßig besucht, wird klar, wie prachtvoll führende Künstler ihrer Zeit es ausstatteten. Viele ließen sich vom Münchner Hofbaumeister François des Cuvilliés beeinflussen. Die barocke Wucht, die das Marienmünster zu einer der wichtigsten Kunstwerke des bayerischen Barock neben der Wieskirche macht, fasziniert immer wieder aufs Neue.

Und wer mit Kirchenkunst weniger anfangen kann als mit guten Geschichten, für den sei die von Leipold von Ellwang erzählt, verewigt im Deckenfresko über dem Altarraum. Der »Dießener Himmel« zeigt den Einsiedler mit 27 Heiligen – und das, obwohl bei dessen Graböffnung von 1739 kein einziger Knochen gefunden werden konnte. Er war, so erzählt man sich, den Wallfahrern zum Opfer gefallen. Sie nahmen sich wohl Handvoll um Handvoll Erde und dann und wann auch seine Überreste aus dem Grab als Talisman für tägliches Brot und fruchtbare Äcker mit.

Direkt neben dem Marienmünster wartet das Chorherrnstüberl mit Kaffee und Erfrischungen auf. Das Bier wird stilecht im weißen Krug mit Deckel serviert.

FESCH: DIE RUTENBUAM UND RUTENMADLN DES RAISTINGER BURSCHENVEREINS. DER VEREIN WURDE 1905 ALS »BURSCHEN- UND KRANKENUNTERSTÜTZUNGSVEREIN« GEGRÜNDET. ER ZÄHLT ÜBER 250 AKTIVE UND PASSIVE MITGLIEDER UND PRÄGT DAS KULTURELLE LEBEN IN RAISTING WESENTLICH.

KIRCHWEIHMONTÄGLICHES ANBANDELN, GANZ IM SINNE DER TRADITION

Raisting – Betteltanz

31

Je größer die Stadt, desto moderner die Methoden für die Partnersuche. Während die fortschrittliche Frau oder der moderne Mann etwa beim Speeddating nach Partnern sucht, bieten sich auf dem Land kaum Möglichkeiten zur organisierten Partnersuche. Wirklich?

Falsch. In Raisting sehen die Burschen und Madln einen ungebundenen Beziehungsstatus entspannt. Schließlich hat es noch in jedem Jahr einen Kirchweihmontag gegeben und an einem solchen findet seit über 150 Jahren der Betteltanz statt. Dieser weithin einmalige Brauch ist ein Ereignis, das nicht nur bei den jungen Raistingern hoch im Kurs steht, sondern auch in den umliegenden Gemeinden. Die Vorbereitungen sind aufwendig: Schon zwei Monate davor werden von den ledigen Raistinger Burschen zwei Ruatenbuam (Rutenbuben) bestimmt, die sich ihre Ruatnmadln (Rutenmädchen) selbst wählen und sie bis zum Kirchweihmontag geheim halten. Die vier stehen nun vor der Aufgabe, die ledigen Jugendlichen im Dorf und aus dem Umland zum Tanz zu »betteln«. Ihre vornehmste Aufgabe aber ist es, aus allen Teilnehmern passende Paare zusammenzustellen. Dabei hilft ihr Wissen um die Vorlieben der Einzelnen und die heimlich Verliebten. Am Kirchweihmontag um 13 Uhr werfen sich die Madln in ihr schönstes Dirndl und treffen sich in einem Gasthaus. Die Burschen warten direkt im Festsaal auf »ihre« Mädchen, die derweil von den Ruatnbuam abgeholt werden. Sie haben ihren Namen übrigens von einer langen, mit Bändern und Blumen geschmückten Haselrute, mit der sie die Blaskapelle und den Festzug zum Festsaal anführen. Dort angekommen, werden die Mädchen ihren Partnern zugeteilt und es stellt sich heraus, ob die Ruatnbuam ihre Aufgabe gut gelöst haben.

Diese Riesengaudi ist ein gutes Beispiel dafür, dass das Brauchtum traditionelle, aber doch zeitgemäße Antworten auf ewig aktuelle Fragen parat hat.

Es gehört sich, dass beim Betteltanz echte bayerische Tracht getragen wird. Bei einem Festzug mit weit über 150 Beteiligten ein toller Anblick.

DIE EINSTIGE ROTE 50-PFENNIG-MARKE VON 1975 ZIERTE DIE UNVERHÜLLTE ANTENNE I VON RAISTING, DIE AN DREI TAGEN IM JAHR ÜBRIGENS ALS LEINWAND FÜR EIN OPEN-AIR-KINO GENUTZT WIRD. INFORMATIONEN: WWW.SPACECINEMA.DE

ERDFUNKSTELLE RAISTING /// HOFSTÄTTER WEG ///
82399 RAISTING /// WWW.RADOM-RAISTING.DE ///

TECHNIKMUSEUM UND KINOLEINWAND

Raisting – Erdfunkstelle

32

Auch wenn man schon tausendmal vorbeigefahren oder davorgestanden ist – die Antennen der Erdfunkstelle Raisting wirken aus der Nähe betrachtet immer wieder gigantisch. Seit 1964 stehen die großen, weißen Parabolantennen südlich von Raisting, nur ein paar Kilometer Luftlinie entfernt vom Südufer des Ammersees. Sie sind nicht nur das Wahrzeichen der Gegend, sondern auch ein Synonym für das Nebeneinander von Tradition und Moderne in Oberbayern geworden.

Tatsächlich hat sich hier Historisches abgespielt, denn die Welt ist dank der Erdfunkstelle ein bisschen kleiner geworden. Bis 1963 standen durch ein Seekabel im Atlantik für Deutschland nicht mehr als 17 Kanäle für Interkontinentalgespräche zur Verfügung. Durch die Antenne I, geschützt durch eine spektakuläre kugelförmige Traglufthalle (das Radom), konnten plötzlich 240 Ferngespräche gleichzeitig oder wahlweise eine Fernsehsendung übertragen werden. Dass die Raistinger anfänglich nicht sonderlich über die Standortwahl der Deutschen Post erbaut waren, ist klar. Schließlich war der Kalte Krieg in vollem Gange – und die Antennen machten das kleine Dorf zu einem potenziellen Angriffsziel.

Inhaltlich ermöglichte die Antenne I ebenfalls Historisches: Die Liveschaltung zur ersten Mondlandung wurde etwa über Raisting übertragen und auch das sogenannte »Rote Telefon« zwischen Washington und Moskau verlief über Raisting. 1985 wurde die Antenne I stillgelegt – die Technik hatte sich grundlegend geändert. Das Radom steht mittlerweile unter Denkmalschutz und wird als technisches Museum und Labor erhalten. Während es bereits Pläne für die weitere Nutzung der Antenne I gibt, sind die vielen Parabolspiegel um das Radom herum weiter in Betrieb. Eine US-Firma sorgt unter anderem im Auftrag der UN weltweit für satellitengestützte Kommunikation – zum Beispiel in Krisengebieten.

Führungen durch das Industriedenkmal sind möglich. Informationen: 08807/946926 bei Hermann Martin oder per E-Mail an fuehrung@erdfunkstelle-radom.de

DER VOLLMOND AM HELLLICHTEN TAG? NEIN. DAS RAISTINGER RADOM BLITZT DURCH DIE BÄUME. DIREKT NEBENAN LIEGT DAS GELÄNDE DER ERDFUNKSTELLE RAISTING AM SÜDLICHEN ORTSRAND.

SOMMER, SEE, FESTIVAL – UND EIN RIESIGER VOLLMOND

Raisting – Landschaftsweiher

2/11

Das Pärchen hat nur Augen und Ohren füreinander. Arm in Arm schlendern sie den verschlungenen Weg durch den Wald, vom Parkplatz zum Raistinger Badeweiher. Am Ufer streifen sie durch hohes Gras, entlang des Waldrands in Richtung der großen Liegewiese. Es ist nicht viel los an diesem Freitagabend, das Wetter war tagsüber wechselhaft und entsprechend opulent malt der Sonnenuntergang sein Meer aus Rottönen über den frisch gewaschenen Himmel. Es ist schon ein verdammt idyllischer Platz, dieser geduckt in einer Senke ruhende kleine See bei Raisting.

Normalerweise ist die Natur Baumeister derartiger Winkel. Aber dieser Weiher ist keine der üblichen Spuren der jüngsten Eiszeit. Eher ein Überbleibsel der Bauindustrie jüngerer Tage. Eine aufgelassene Kiesgrube wurde im Zuge der Flurbereinigung Anfang der 80er-Jahre des vergangenen Jahrhunderts zum Landschaftsweiher umgebaut. Ein Unternehmen hatte Kies auch unterhalb des Grundwasserspiegels abgebaut und die Gemeinde nutzte die Chance, aus der vollgelaufenen Grube einen Badesee werden zu lassen.

Den üppigen Baumbestand, der ebenfalls im Rahmen der Flurbereinigung in Form von Setzlingen von der Regierung geliefert wurde, haben übrigens die Raistinger selbst angepflanzt. Nicht nur deswegen hegt man vor Ort eine große Zuneigung zum kleinen Gewässer, das an seiner tiefsten Stelle gerade mal zwei, vielleicht drei Meter tief ist. Durch seine eingebettete Lage lässt sich hier auch an heißen Sommertagen ein schattiges Plätzchen finden. Und im übrigen trefflich feiern! Seit über zehn Jahren veranstaltet der örtliche Burschenverein hier das weit über die Landkreisgrenzen bekannte *Lucky Lake Festival*, bei dem die 2.200-Einwohner-Gemeinde Raisting für einen Sommertag zur 3.700-Einwohner-Gemeinde wird.

Informationen zum gar nicht mal so kleinen, mit Liebe zum Detail ausgeheckten Lucky Lake Festival gibt's im Internet auf www.lucky-lake.de.

DAS NATURSCHUTZGEBIET ERSTRECKT SICH ÜBER DAS GANZE AMMERSEE-SÜDUFER UND IST NUR ÜBER AUSGEWIESENE WEGE ZU ERKUNDEN.

EIN MÖGLICHER AUSGANGSPUNKT IST DER /// SPORTPLATZ DIESSEN /// JAHNSTRASSE 9 /// 86911 DIESSEN /// WWW.AMMERSEE-REGION.DE/RAISTING-VOGELSCHUTZ-AMMERSEE-SUED.HTML ///

KLEINE UND GROSSE VÖGEL SOWIE SELTENE PFLANZEN IM BLICK

Vogelschutzgebiet Ammersee Süd

33

Der ältere Herr beugt sich weit über die Brüstung des Aussichtsturms. Sein Fernglas hat er auf einen Punkt zwischen den hölzernen Stützen gerichtet, auf denen die überdachte Plattform ruht, und dem ruhig daliegenden Wasser des »Grüberls«, wie die kleine Bucht am Südende des Ammersees heißt. »Ich hab ihn!«, stößt er triumphierend aus. Er hat einen Teichrohrsänger entdeckt, der durch sein braunes Federkleid gut getarnt im Schilf sitzt. Die Umstehenden richten ihre Feldstecher in die gleiche Richtung und grinsen, schließlich haben sie alle nach dem kleinen Vogel gesucht. Optisch mag er ja nicht besonders auffallen. Akustisch aber macht sein beständiges, knappes Tschirpen Eindruck. Nicht umsonst heißt der unscheinbare Singvogel, dem bisweilen ordentlich der Kamm schwillt, auch »Rohrspatz«.

Wo früher für die in den Gebirgswäldern geschlagenen Baumstämme, die über die Ammer getriftet wurden, Endstation war, ist heute ein bedeutsames Vogelschutzgebiet. Die *Vogelfreistätte Ammersee-Südufer* ist zugleich ein Naturschutzgebiet, in dem gemäß der internationalen Ramsar-Konvention auf Wasservögel ebenso Rücksicht genommen wird wie auf Pflanzen. Deshalb ist der Uferzugang am Westufer bis auf wenige Ausnahmen gesperrt. Über einen Holzsteg vom Dießener Sportplatz aus lässt sich jedoch besagter Beobachtungsturm erreichen. Von ihm aus betrachten sowohl versierte Naturfotografen mit Riesen-Teleobjektiven als auch Hobby-Ornithologen die Natur.

Zu sehen gibt's einiges: Nicht nur alle Arten von Zugvögeln, die auf ihren Reisen am Ammersee Station machen, sondern auch jede Menge seltene Pflanzen. So können zwischen Sibirischen Schwertlilien oder Orchideen Störche, Graugänse, Kormorane, Reiher und sogar Große Brachvögel beobachtet werden. Für kleinere Gesellen, wie etwa den Rohrspatz, sei ein großes Okular empfohlen.

Der Parkplatz am Dießener Sportplatz bietet sich für Besuche an, von dort aus sind es etwa zehn Minuten. Unbedingt ein Fernglas mitbringen!

HIER VERGEHT DIE ZEIT LANGSAMER: MIT DIREKTEM BLICK IN RICHTUNG WESTEN DAUERN HIER IM PÄHLER ORTSTEIL AIDENRIED DIE SONNENUNTERGÄNGE LÄNGER ALS ANDERSWO.

GASTSTÄTTE AIDENRIED /// SEESTRASSE 41 /// 82396 PÄHL-FISCHEN /// 0 88 08 / 5 24 /// WWW.GASTSTAETTE-AIDENRIED.DE ///

DER LÄNGSTE SONNENUNTERGANG WEIT UND BREIT

Ammersee bei Aidenried

3/11

Natürlich gibt es am Ammersee jede Menge schöner Badeplätze, die auch als solche ausgewiesen sind. Da wäre zum Beispiel das Strandbad St. Alban in Dießen, wo sich die flirrende Hitze eines Hochsommertags wunderbar im Schatten alter, hoher Bäume aushalten lässt. Oder die Herrschinger Bucht – oder, oder, oder. Es gibt aber auch den einen oder anderen Platz, der nicht mit einem Hinweisschild versehen ist und vielleicht nicht mit Komfort, dafür aber ganz eigenen Reizen aufwartet.

Unweit der schön gelegenen Gaststätte Aidenried beginnt ein wilder Kiesstrand entlang des östlichen Seeufers, der nur ein paar Meter breit ist und direkt unterhalb der Seestraße verläuft. Man sieht es schon an den Dachträgern der wenigen Autos, die sich in einer der raren Parkbuchten förmlich stapeln: Der Strand ist eine beliebte Einstiegsstelle für Surfer, die auf die »Hot Spots« am Ammersee keine Lust haben.

Auch Badegäste, die ihre Isomatten hier ausrollen, sind nicht unbedingt diejenigen, die sich auf überfüllte Liegewiesen legen würden. Hier sind die Individualisten und Naturliebhaber daheim. Ihnen macht es nichts, zwischen Treibholz zu sitzen, das die Ammer aus den Bergen hierher transportiert hat. Es kümmert sie auch nicht, dass in heißen Sommern das Seegras an die Wasseroberfläche kommt. Platz ist ja genug – schwimmt man eben drumherum.

Entsprechend ungezwungen geht es am Aidenrieder Kiesstrand zu. Und wenn die Windsurfer ihre Neoprenanzüge in einen Baum hängen und Jugendliche und junge Familien ihre Campinggrills anfeuern, wartet dieser etwas andere Badeplatz mit einem Spektakel auf, das es sonst nur am Meer gibt. Sobald sich die Silhouette des Dießener Marienmünsters gegen die untergehende Sonne im Westen abzeichnet, hat der längste und schönste Sonnenuntergang diesseits der Alpen begonnen.

Mit den Parkplätzen ist es so eine Sache im Pähler Ortsteil Aidenried. Badegäste, die nicht viel zu transportieren haben, sollten das Rad nehmen.

NICHT NUR AN HEISSEN SOMMERTAGEN LOHNT EIN BESUCH DER PFARRKIRCHE ST. MAURITIUS: IHR INNERES IST EBENSO SEHENSWERT WIE DER AUSBLICK VOM KIRCHPLATZ AUS.

PFARRKIRCHE ST. MAURITIUS /// KIRCHPLATZ /// 82386 OBERHAUSEN /// 0 88 02 / 3 44 ///

ZWISCHEN BLUMEN UND BEETEN DEN BERG HINAUF

Oberhausen – Kirchplatz und Bauerngärten 34

Ziemlich steil führt der Weg über die letzten Meter zur Kirche hinauf. Der Oberhausener Kirchplatz ist zwar nicht das Ziel, aber gleich in zweifacher Hinsicht Höhepunkt eines Spaziergangs durch Oberhausen. Zum einen weil der kleine Berg, auf dem die Pfarrkirche St. Mauritius thront, tatsächlich der höchste Punkt der Gemeinde ist; zum anderen weil der schöne Ausblick in die Umgebung die kleine Anstrengung lohnt.

Es gibt aber noch einen Grund, wieso Oberhausen immer einen Besuch wert ist. Und zwar gibt es hier vor beinahe jedem Haus oder Hof einen blühenden Bauerngarten. Ein Bauerngarten ist zunächst nichts anderes als der Garten, der zu einem Bauernhof gehört. Obwohl sie vor 1900 noch recht unüblich waren, bürgerte sich diese Verbindung aus Küchen- und Klostergarten schnell ein. Bepflanzt wurden sie weniger nach ästhetischen Gesichtspunkten als nach praktischen: Kräuter, Heilpflanzen und verschiedene Gemüsesorten wuchern scheinbar wild durcheinander – lediglich ein geometrisches Wegesystem hält Ordnung. Obstbäume waren ursprünglich unüblich, denn sie haben auf einem oberbayerischen Bauernhof einen festen Platz: den Obstgarten. Heutzutage ist allerdings eine größere Vielfalt gängig, wie ein unverhohlener Blick über die Oberhausener Zäune beweist. Da schauen Stockrosen hinter kleinen Buchshecken hervor, Apfelbäumchen ragen aus Margeriten- und Ringelblumen-Beeten und verschiedenste Kräuterbüschel wuchern um steinerne Wassertröge herum.

Natürlich gibt es schöne Bauerngärten in vielen Dörfern. Aber die Oberhausener scheinen in besonderer Weise etwas für prächtige Bepflanzungen übrig zu haben. Denn auch vor alten Häusern, vor denen eigentlich nicht viel Platz ist, finden sich liebevoll bepflanzte Töpfe, die Farbe ins dörfliche Leben bringen.

Der Oberhauser Stroblwirt präsentiert auf seiner Stroblbühne so manch größere Hausnummer in Kabarett und Musik. Info: www.stroblwirt.de

ZUFAHRT ENTWEDER ÜBER DIE B472 VON PEISSENBERG RICHTUNG POLLING BIS KURZ VOR HUGLFING (ABFAHRT: SPORTPLATZ) ODER ÜBER DIE DORFSTRASSE OBERHAUSEN.

BADEWEIHER OBERHAUSEN /// AM SPORTPLATZ ///
82386 OBERHAUSEN ///

AUCH IM HOCHSOMMER KÜHLEN KOPF BEWAHREN

Oberhausener Badeweiher

4/11

Wenn die Hochsommersonne wochenlang auf den Pfaffenwinkel gebrannt, die Erde aufgeheizt und die Luft stickig gekocht hat, dann ist die Zeit des Oberhausener Badeweihers gekommen. Dann finden nämlich nicht nur die Oberhausener den Weg an den kleinen, recht versteckt gelegenen kleinen See mitten im Pfaffenwinkel. Mit jedem Tag, an dem die anderen Badeseen in der Umgebung keine Abkühlung mehr bringen, weil sich das Wasser mehr und mehr erwärmt hat, mehrt sich sein Einzugsgebiet.

Der Oberhausener Badeweiher wurde 2002 fertiggestellt und speist sich durch den Hungerbach. Dessen kristallklares Wasser mäandert geschützt von Büschen und Gräben durch die Felder des Pfaffenwinkels und ist deswegen auch nach langen Hitzeperioden immer noch kühl und klar. Diesen Umstand schätzen dann nicht nur die Oberhausener, die aber gern zusammenrücken und »ihren« Weiher teilen. Überhaupt geht es auf der großen Liegewiese und auch auf dem Steg entspannt zu. Am frühen Nachmittag sind vor allem Mütter mit ihren Kindern da, die sich darum kümmern, dass der Nachwuchs auch erstens genug Sonnencreme im Gesicht und zweitens ja die Schwimmflügel anhat. Je später der Nachmittag, desto mehr teilt sich die Badeschar in Jugendliche, die lässig in der Sonne liegen, und Senioren, die den Schatten aufsuchen. Man kennt sich, respektiert sich und vor allem: Man grüßt einander.

Dieses Gefühl von ehrlichem, ungekünstelten Dorfzusammenhalt gibt's sozusagen gratis zum kalten Nass. Das übrigens auch viele Radfahrer suchen, um sich die heiß gefahrenen Waden an der Kneippstelle hinter dem kleinen Parkplatz abzukühlen. Unter den hohen Bäumen lässt es sich im Schatten auch trefflich mit Hundebesitzern ratschen, die ihren Zamperln im Hungerbach ein wenig Abkühlung ermöglichen – am Badestrand sind sie nämlich unerwünscht.

Es geht entspannt zu am Oberhausener Badeweiher; auch im Sommer bleibt er von Touristenströmen verschont. Bei dem Alpenblick eigentlich ein kleines Wunder.

POLLINGS HERZSTÜCK: DIE POLLINGER STIFTSKIRCHE, DEREN ZUM KLOSTERHOF GEWANDTES PORTAL MIT DEM BERÜHMTEN GOLDENEN LIBERALITAS-BAVARICA-SCHRIFTZUG ÜBERSCHRIEBEN IST. ER SOLL UNTER ANDEREM DEN DANK DER POLLINGER AN DIE BAYERISCHEN HERRSCHER FÜR DEREN GROSSZÜGIGKEIT BEI DER KIRCHENAUSSTATTUNG AUSDRÜCKEN.

LEIDENSCHAFTEN, KUNST UND BAYERISCHE TRADITION

Klosterhof Polling

35

Menschen und ihre Leidenschaften sind eine ganz spezielle Angelegenheit. In Polling, vor allem in den Gebäuden des ehemaligen Augustinerchorherrenstifts, manifestieren sich die Ergebnisse von Leidenschaften verschiedenster Menschen. Die Werke des berühmten zeitgenössischen Malers Bernd Zimmer entstehen hier zum Beispiel. Nebenan schraubt der renommierte 300-SL-Spezialist Hans Kleissl an wertvollen Mercedes-Flügeltürern aus aller Welt. Und die alte Klostermühle war einst Kreativzelle vieler Weilheimer Jazzer und Electro-Musiker. Man könnte stundenlang Geschichten erzählen, nur aus dem Klosterhof. Aber auch ein Blick über die alten Klostermauern lohnt, denn Polling hat so viel mehr zu bieten.

Die Pollinger an sich zum Beispiel. Denn auch für sie gilt: Was echte Pollinger machen, tun sie mit Hingabe. Veranstaltungen wie den einzigartigen Kreuzmarkt, zum Beispiel. Oder die vielen Vereinsfeste, die hochwertigen Kulturveranstaltungen oder die konsequente Gemütlichkeit in Pollings schönen Biergärten. Dort diskutiert es sich gut über Dinge, die es nur in Polling geben kann: den Regenbogenstadl zum Beispiel, in dem das US-amerikanische Künstlerpaar La Monte Young und Marian Zazeela ein *Dream House* mit einer dauerhaften Licht-Klang-Installation eingerichtet haben. Es gibt nur zwei feste *Dream Houses* – das andere steht in New York.

Doch zurück in den Klosterhof: Auch dessen Existenz geht auf eine Leidenschaft zurück. Die des letzten Agilolfinger-Herzogs Tassilo III. für die Jagd. Denn der Legende nach führte eine Hirschkuh den Bayernherzog um das Jahr 750 zu einer Stelle, an der drei Kreuze vergraben waren. Grund genug für ihn, auch hier ein Kloster zu stiften; neben Wessobrunn das zweite im Pfaffenwinkel. Die Stiftskirche ist bei einem Polling-Besuch übrigens ebenso Pflicht wie der schöne Bibliothekssaal von 1776.

In der opulent mit stuckgefassten Fresken im Stil des Rokoko ausgestatteten Reliquien- oder Achbergkapelle lagert ein kostbarer Reliquienschatz.

DOMINIKUS WEISS VOR EINEM ORIGINAL-TRIEBWAGEN DER BAYERISCHEN ZUGSPITZBAHN, IN DEM POLLINGS ALTBÜRGERMEISTER NACH SEINEN FÜHRUNGEN SCHON MAL KAFFEE UND KUCHEN SERVIERT.

MINIS RARITÄTENSTADL /// HOFMARKSTRASSE 47 /// 82398 POLLING /// 08 81 / 4 07 07 /// WWW.POLLING.DE (RARITÄTENSTADL) ///

VOM GOGGOMOBIL BIS ZUM STOCKDEGEN

Polling – Raritätenstadl

36

Der ausgeprägten Sammelleidenschaft seines langjährigen Bürgermeisters ist es zu verdanken, dass das Klosterdorf Polling neben vielen anderen Sehenswürdigkeiten mit einem Raritätenmuseum aufwarten kann. »Minis Raritätenstadl« steht auf dem Hof von Dominikus Weiß.

Das Herzstück der Sammlung ist gleichzeitig das wertvollste Exponat: ein BMW 327 von 1939, den Dominikus Weiß vor über 50 Jahren erwarb. Er steht nun neben einer Isetta, einem 35 Jahre alten Opel Kadett und dem deutschen Kleinstwagen-Klassiker »Goggomobil« – die drei Oldtimer gehören seinen Kindern. Im Erdgeschoss des Raritätenstadls, vor dessen Tür ein Original-Triebwagen der Bayerischen Zugspitzbahn steht, finden sich zahlreiche alte Fahrräder und ein motorisiertes Dreirad, mit dem einst in Weilheim Bier ausgefahren wurde. 1977 habe er es vom Weilheimer Bachbräu angeboten bekommen, erzählt Dominikus Weiß bei seinen beliebten Führungen durch die Sammlung. Zu jedem Gegenstand kennt er eine Geschichte, manche führt er vor und manche muss er auch erklären. Denn mal im Ernst: Wer weiß denn heute noch, was eine Kluppe ist? Zu dem Zimmererwerkzeug-Set gehören eine Schieblehre, mit der man die Dicke eines Baumes feststellen kann, ein Beil und ein Brennstempel. Er hat es von seinem Großvater bekommen – und so wie hier steckt auch sonst viel Familiengeschichte in der liebevoll sortierten Sammlung. »Auf unserem Hof wurde nie etwas weggeworfen – es sei denn, es war wirklich kaputt«, sagt er.

Übrigens ist das Raritätenmuseum bei Filmleuten eine beliebte Adresse. Zum Beispiel wurden für Michael Bully Herbigs *Brandner Kaspar* so ziemlich alle Requisiten in Polling abgeholt. Wo sonst findet sich ein ganzes Klassenzimmer samt Schiefertafeln, außerdem Hufeisen, Zylinder, Hochräder, Telefone aus allen Epochen, Äxte, Stockdegen und ein BMW 327 unter einem Dach?

Wer nach dem Raritätenstadl Lust auf Pollings Ortsgeschichte bekommen hat, ist im Heimatmuseum (Kirchplatz 11) richtig. www.polling.de

EIN FALTBLATT MIT EINER KARTE IST BEI DER GEMEINDE POLLING ERHÄLTLICH. UNWEIT DES RATHAUSES STARTET DER WEG, DER SCHON BALD DIE FRIEDHOFSMAUER PASSIERT UND ZUM THOMAS-MANN-HAUS FÜHRT. ES BEFINDET SICH GEGENÜBER DIESER BRÜCKE ÜBER DEN MÜHLBACH.

GEMEINDE POLLING /// KIRCHPLATZ 11 /// 82398 POLLING /// 08 81 / 9 39 00 /// WWW.POLLING.DE ///

AUF DES DICHTERS SPUREN UM POLLING HERUM

Polling – Doktor-Faustus-Weg

37

Literatur kann mitunter trocken sein. Zum Beispiel, wenn man sie sich in schwartenschweren Bibliotheken oder engen Lesezimmern zu Gemüte führt. Wie gut, dass es mitten im Pfaffenwinkel eine einzigartige Lesehilfe mit doppeltem Nutzen gibt. Der Doktor-Faustus-Weg in Polling weckt zum einen Thomas Manns Altersroman *Doktor Faustus* anhand von Originalschauplätzen zum Leben. Zum anderen führt er durch eine intakte Kulturlandschaft, wie sie typischer für den Pfaffenwinkel nicht sein könnte.

Für die Romanfigur Dr. Adrian Leverkühn ist »Pfeiffering« alias Polling, wie auch für den Literaturnobelpreisträger selbst, ein Rückzugs- und Schaffensort zugleich. Die Familie Mann hatte nämlich nahe der Klostermühle ein Haus, in dem Thomas Mann seine Mutter Julia zwischen 1906 und 1922 immer wieder besuchte. Fast täglich schickt der Schriftsteller seinen Protagonisten Leverkühn zum Steicherweiher, der im Roman »Klammerweiher« genannt wird. Und entlang dieser Strecke führt auch der fünf Kilometer lange Rundweg, der mit 13 Texttafeln aufwartet. Die Route führt vom Pollinger Kirchplatz weg in Richtung Gutshaus. Dort darf der literarische Wanderer das Gartentor behutsam öffnen und durch den Garten bis zur zweiten Tafel gehen. Zurück am Kirchplatz, führt der Weg entlang der Bahnhofsstraße aus dem Ort. Den Hohen Peißenberg im Blick stellt sich unmittelbar die Frage, wie wohl das Polling des beginnenden 20. Jahrhunderts auf den Literaten gewirkt haben muss. Im Roman wird man mit wenig Interpretationsgabe fündig: Thomas Mann schätzte das intakte Sozialleben, die bemerkenswerten Persönlichkeiten im Ort und nicht zuletzt die reizvolle Landschaft.

Diese vor Augen und den diabolischen Kontrakt des Leverkühn als Allegorie auf die NS-Zeit im Hinterkopf wird klar: Literatur muss überhaupt nicht trocken sein.

Wer auch nach dem Spaziergang *Doktor Faustus* noch für eine trockene Angelegenheit hält, dem sei die Alte Klosterwirtschaft samt Biergarten empfohlen.

NUR WEIL WEILHEIMS SEHENSWÜRDIGKEITEN AUF ENGSTEM RAUM BEIEINANDERSTEHEN, HEISST DAS NICHT, DASS MAN DIE STADT SCHNELL GESEHEN HAT: FÜR DIE STADTPFARRKIRCHE MARIAE HIMMELFAHRT SOLLTE MAN SICH EBENSO ZEIT NEHMEN WIE FÜR DAS STADTMUSEUM, DIE MARIENSÄULE, DEN DACHSBRÄU, DIE VIELEN GESCHÄFTE UND CAFÉS, DIE OBERE STADT UND DIE RESTE DER STADTMAUER.

TOURISTINFO WEILHEIM /// ADMIRAL-HIPPER-STRASSE 20 /// 82362 WEILHEIM /// 0881/682532 /// WWW.WEILHEIM.DE (TOURISTINFO) ///

BUNTE HÄUSER, ALTE MEISTER UND JUNGE KÜNSTLER

Weilheimer Altstadt

38

Die Weilheimer Altstadt wird auch gern »Weilheims gute Stube« genannt. Und tatsächlich wirkt die Fußgängerzone mit ihren bunten Bürgerhäusern, den vielen Cafés und Geschäften rund um die Mariensäule sowie den Stadtbrunnen richtig gemütlich. Dazu tragen vor allem Weilheims zimmerförmige Plätze innerhalb der leider nur noch teilweise erhaltenen Stadtmauern bei. Vor ein paar Jahren investierte die Stadt einiges in ihre Altstadt und sanierte sie. Bevor das alte Pflaster entfernt wurde, ließen sich die Weilheimer noch auf einen bunten Sommer ein: In mühevoller Kleinarbeit und mit vielen Eimern Farbe entstand auf den Pflastersteinen der »größte Kandinsky der Welt« – und Weilheim war kurzzeitig international in den Medien.

Auch sonst gehören Kunst und Weilheim zusammen. Das galt für die alten Meister der »Weilheimer Schule« des 17. und 18. Jahrhunderts, deren Bilder und Skulpturen neben Alltagsgegenständen aus vergangenen Zeiten im Stadtmuseum neben der Himmelfahrtskirche betrachtet werden können. Und es gilt immer noch: im Hinblick auf die vielen zeitgenössischen Künstler am Ort sowie für die Musiker der »Weilheimer Szene«, deren Stil gewordene Verbindung von Indie-Rock und elektronischen Elementen die internationale Popkultur maßgeblich beeinflusst.

Bei ihren Besuchen in der Heimat werden die in ganz Deutschland verteilt lebenden Musiker von *The Notwist*, *Console* oder auch der international wirkende Jazz-Saxofonist Johannes Enders feststellen, dass sich die Zahl der Cafés und Restaurants mittlerweile verdreifacht hat. Klar, dass deren Betreiber ihre Tische regelmäßig beim ersten Sonnenstrahl hinaus in die Fußgängerzone stellen. Und so ist es nicht nur der hohen Vespa-Dichte auf den sommerlichen Weilheimer Straßen zu verdanken, dass sie in einigen Reiseführern als »nördlichste Stadt Italiens« bezeichnet wird.

Wer sich für die Weilheimer Geschichte interessiert, kann bei Dr. Joachim Heberlein eine Stadtführung buchen. Am Telefon 08 81/25 14 oder www.weilheim.de.

DAS KIRCHENSCHIFF VON MARIAE HIMMELFAHRT, AUFGENOMMEN AM FRONLEICHNAMSTAG. LINKS VORN IM BILD DER LEBENSBAUM AUS DEM JAHR 1350.

STADTPFARRKIRCHE MARIAE HIMMELFAHRT /// KIRCHPLATZ /// 82362 WEILHEIM ///

KATHOLISCHE PFARREIENGEMEINSCHAFT WEILHEIM /// ADMIRAL-HIPPER-STRASSE 13 /// 82362 WEILHEIM /// 08 81 / 22 87 /// WWW.PFARREIEN-WEILHEIM.DE ///

OFFENE KIRCHENPORTALE FÜR DAS LEBEN UM DIE MARIENSÄULE

Weilheim – Stadtpfarrkirche Mariae Himmelfahrt

39

Mit der Kirche, in der man getauft oder gefirmt wurde, verbindet einen automatisch mehr als mit anderen Gotteshäusern. Und so ist klar, dass ohnehin über die Hälfte aller katholisch erzogenen Weilheimer der größeren Weilheimer Stadtpfarrkirche, Mariae Himmelfahrt, nahestehen – die anderen fühlen sich in der deutlich älteren Stadtpfarrkirche St. Pölten daheim. Dass sich die Weilheimer mit ihrer »Himmelfahrtskirche« aber auch konfessionsunabhängig identifizieren, hat zweierlei Gründe. Zum einen bestimmt ihr zwiebelgekrönter Tuffsteinturm wesentlich das Gesicht der Kleinstadt und ist ihr Markenzeichen geworden. Zum anderen steht sie mitten in der Altstadt und ist nicht nur optisch ihr Mittelpunkt. Das Stadtleben findet um ihre Mauern herum statt – ob das nun der tägliche Einkauf, der freitägliche Wochenmarkt oder ein jährliches Städtepartnerschaftsfest wie die *Französische Woche* ist.

Ein Besuch des aufwendig renovierten Kirchengebäudes lohnt auf jeden Fall. Zum Beispiel, um jede Menge Kunstschätze aus nächster Nähe zu sehen. Denn als lokales Zentrum des Handwerks brachte Weilheim berühmte Kunsthandwerker hervor, die sich in der vom Weilheimer Künstler und Architekten Hans Krumpper 1628 fertiggestellten Kirche verewigten. Dazu gehörten prächtige Stuckverzierungen von Künstlern der europaweit wirkenden Wessobrunner Schule sowie Fresken von Elias Greither dem Älteren.

Auf zwei Werke, die unterschiedlicher nicht sein könnten, sei besonders hingewiesen: Den prominent aufgestellten, an sich aber eher unscheinbaren *Lebensbaum*, den ein unbekannter Künstler um das Jahr 1350 geschaffen hat. Christus hängt hier nicht am Holzkreuz, sondern an einem lebendigen Baum. Im Hochaltar ruht derweil Bayerns größte Barockmonstranz: 1698 schuf der Weilheimer Goldschmied Joseph Anton Kipfinger mit der Wurzel-Jesse-Monstranz ein Meisterwerk.

Besonders Kinder öffnen in der Adventszeit gern die Tore der Kirche. Eine 17-Quadratmeter-Krippe erzählt dann die Weihnachtsgeschichte.

AUFSTREBENDE NACHWUCHS-BANDS WAREN HIER EBENSO BEREITS ZU GAST WIE RENOMMIERTE KÜNSTLER.

CAFÉ SONNENDECK /// PÖLTNER STRASSE 25 /// 82362 WEILHEIM /// 08 81 / 92 70 89 66 /// WWW.SONNENDECK-WEILHEIM.DE ///

EIN PLATZ FÜR TAG UND NACHT

Weilheim – Café sonnendeck

40

Eigentlich ist das sonnendeck nicht nur ein Platz. Getrost ließen sich drei völlig unterschiedliche Beschreibungen des Cafés am Eingang der Pöltnerstraße abgeben. Denn es ist so vielseitig wie sein Potenzial: Gelegen an einer der Hauptschlagadern in Richtung Weilheims Altstadt, befindet es sich an einem breiten Trottoir, das sich wunderbar als Terrasse nutzen lässt. Hinter großen Fenstern stehen dunkle Holzmöbel, deren optische Wärme schön mit dem modernen Innenausbau, seinen klaren Formen und dem kühlen Steinboden kontrastieren.

Inhaber Florian Mangold weiß die Möglichkeiten dieses nach Südwesten ausgerichteten, lichtdurchfluteten Raumes wohl zu nutzen. Sein bei Schülern, Jugendlichen, jungen Eltern und auch bei älteren Weilheimern beliebtes Café nutzt er je nach Tageszeit für ganz verschiedene Zwecke. In der Früh und am Vormittag macht er es zum Beispiel zum Frühstückslokal, in dem sich wunderbar der ganze freie Morgen verbringen lässt. Dezente Lounge-Musik weht aus den Boxen, der Duft von frisch gemahlenem Kaffee vermischt sich mit dem von angeröstetem Speck, den Florian Mangolds Mutter Rosi in der Küche zu den Spiegeleiern auf den Teller legt.

Die Tagespresse ist heiß begehrt; Profis kommen zum Zeitunglesen ohnehin erst am Nachmittag. Dann scheint die Sonne direkt ins Café und auf die Terrasse davor. Vom Kaffee kann man prima zum Feierabendbier übergehen, der frühe Abend lässt sich hier ähnlich entspannt verbringen wie der Morgen. Allerdings ist das die Ruhe vor dem Sturm. Denn am Abend verwandelt sich das sonnendeck zur Bar. Die Besucher werden jünger, die Musik präsenter und clubbiger. Mit der weithin einmaligen soundeck-Konzertreihe präsentiert das sonnendeck selbstgemachte Unplugged-Musik heimischer Künstler – jeden ersten Donnerstag in jedem zweiten Monat.

Das Sonnendeck hat Montag bis Freitag von 8 bis 1, Samstag von 10 bis 1 Uhr und Sonntag von 10 bis 22 Uhr geöffnet. Eine Reservierung fürs Frühstück am Wochenende ist ratsam.

KNEIPP-ANLAGEN, VERSCHLUNGENE PFADE, ROMANTISCHE WINKEL, BEGEHBARE KUNSTWERKE UND BREITE JOGGINGSTRECKEN. DIE AU WESTLICH VON WEILHEIM HÄLT VIELE LIEBLINGSPLÄTZE BEREIT.

ZWISCHEN STADTPARK UND NATURBELASSENEM AUWALD

Weilheim – Au

41

Ein bisschen verwunschen sieht der große Auweiher ja schon aus. Rot ragt das steile Spitzdach eines Pavillons aus dem dichtgrünen Blattwerk, welches das Herzstück der Weilheimer Au umgibt. Hohe Birken breiten ihre Äste über den flächigen Weiher, unter dessen Wasseroberfläche Forellen huschen. Auf der anderen Seite hängen ein paar alte Weiden ihre üppig belaubten Äste ins Wasser. Es fehlte noch ein Herr in Tweed-Jackett und Barbour-Gummistiefeln, um den Eindruck zu erwecken, man befinde sich in einem dieser britischen Kriminalfilme.

Der Spaziergänger darf jedoch beruhigt sein. Die Leiche des örtlichen Fischhändlers wird nicht im Wasser vorbeitreiben und es wird auch niemand »Heathcliff!« übers Wasser rufen. In der Weilheimer Au trifft man allenfalls Hunde, die ihre Herrchen Gassi führen oder Berufstätige, die ihre Mittagspause für einen Spaziergang nutzen. Die Au-Anlagen sind irgendetwas zwischen Stadtpark und ursprünglich vor sich hinwachsendem Naturwald, in dem Kanäle einzelne Weiher verbinden. Kreuz und quer schlängeln sich gekieste und wilde Wege, auf denen sich so mancher junge Weilheimer mit Pfeil und Bogen auf Kriegspfad begab. Die Älteren freuen sich über zahlreiche Parkbänke, die Sportlichen über zwei schlichte, aber schön angelegte Kneipp-Stellen. Ein Fitness-Parcours ist die jüngste Errungenschaft, die bei Joggern und Nordic-Walkern begehrt ist; schließlich liegt die Au an einem perfekten Trainingsgebiet: dem Ammerdamm.

Im Bereich der Auanlagen wartet auch der nahe Damm mit schönen Plätzen für Mußestunden auf. Zum Beispiel frisch angelegte Sonnenterrassen am renaturierten Wehr. Kein Wunder, dass den Weilheimern ihre Au ans Herz gewachsen ist. Entsprechend viele sitzen an einem schönen Tag entlang ihrer Weiher auf Bänken und lesen – vielleicht sogar englische Krimis.

Unweit der Weilheimer Au befindet sich der städtische Wohnmobil-Parkplatz, wo auch Strom und Wasser verfügbar sind. Info: www.weilheim.de (Touristinfo).

DIE 1956 WELTWEIT EINMALIGEN WASSERBEHEIZTEN SUDKESSEL TUN BIS HEUTE IHREN DIENST, WIE DACHSBRÄU-BRAUMEISTER ERKLÄRT.

DACHSBRÄU WEILHEIM /// MURNAUER STRASSE 5 /// 82362 WEILHEIM /// 08 81 / 22 61 /// WWW.DACHSBIER.DE ///

GEMÜTLICHKEIT MIT 130-JÄHRIGER TRADITION

Weilheim – Dachsbräu

42

Die Mittagssonne hat keine Chance. Obwohl sie mit aller Kraft auf die stattlichen Kastanienbäume vor dem Dachsbräustüberl brennt, blinzeln ihre Strahlen höchstens durch das fingrige Blätterdach, wenn sich ein stärkeres Lüftchen regt. Die Halbe Bier, ein süffiges *Weilheimer Urhell*, steht auf jeden Fall im Schatten und bleibt schön kühl. Der Leberkäse, den die freundliche Bedienung dazu reicht, schmeckt großartig. Zum Genießen braucht's oft nicht mehr als ein schattiges Platzerl und ein kühles Bier.

Spricht man vom Weilheimer Dachsbräu, geht es auch ein Stück um Weilheimer Stadtgeschichte. Seit 1879 gehört der Betrieb der Familie; die Brauerei ist immer noch in dem ehemaligen Hof untergebracht, in dem der Münchner Bierbrauer Georg Dachs seinerzeit sein Können zum Geschäft machte. Er war nicht der erste: Um 1900 brauten in Weilheim 27 Brauereien den Gerstensaft, den sie in ihren Gaststuben im Bräuwastl, im Luckerbräu oder im Bachbräu ausschenkten.

Mittlerweile ist der Dachsbräu die letzte Weilheimer Brauerei und seit deren 130-jährigem Geburtstag führen sie die Geschwister Ulrike Flassig und Günter Klose, der Senior-Chef Uli Klose hilft weiterhin mit. Seine Erfindung, das Weilheimer Starkbier Ulimator, wird einmal in der Woche gebraut und ist gefragter Bestandteil der Bierkarte im Dachsbräustüberl. Weit über die Stadtgrenzen ist vor allem das *Dachs Weißbier* bekannt, dessen hoher Hefegehalt Kenner mit der Zunge schnalzen lässt.

Die insgesamt acht Biersorten holt man sich am besten direkt in der Brauerei ab und trifft dort Stammkunden auf einen Ratsch. Am Hof steht übrigens Deutschlands erster »Grillautomat« aufgestellt, der Hungrige auch nach Ladenschluss mit frischem Fleisch vom Metzger versorgt. In Weilheim ist man eben erfinderisch, wenn es um Genuss geht.

Mit den Dachsbräu-T-Shirts hat die Weilheimer Brauerei einen kleinen Kult ausgelöst. Erhältlich auch im Online-Shop auf www.dachsbier.de.

ZUM GÖGERL GELANGT MAN AM EINFACHSTEN VON MURNAU HER KOMMEND AUF DER B 2. KURZ NACH DEM ORTSEINGANG NACH DER TANKSTELLE RECHTS ABBIEGEN UND DEN SCHILDERN »WALDWIRTSCHAFT GÖGERL« FOLGEN.

EIN BEGEHBARES LANDSCHAFTSBILD, GESCHAFFEN VON GLETSCHERN

Weilheim – Gögerl

43

Was macht eigentlich einen Lieblingsplatz zu einem solchen? Gebeten um eine Aufzählung von 66 Lieblingsplätzen, kommt niemand, der rechtschaffen Auskunft geben will, drumherum, sich dieser Frage zu stellen. Ihm wird schnell ein Lieblingsplatz einfallen, der alle in Frage kommenden Attribute aufweist. Dieser Platz ist sozusagen die Referenz – der Lieblingsplatz der Lieblingsplätze.

Zugegeben: Das Gögerl als den Lieblingsplatz zu notieren, ist für einen gebürtigen Weilheimer keine allzu große Kreativleistung. Er wird ihn ungefähr mit einem Drittel seiner Mitbürger teilen müssen. Die anderen werden glücklich auf die Au-Anlagen an der Ammer oder den Dietlhofer See verweisen. Und doch steckt in der Umgebung des Bergrückens im Osten von Weilheim weit mehr als »nur« ein einfacher Lieblingsplatz.

Nach einem Lieblingsplatz dieses Kalibers befällt einen Heimweh, wenn man nicht in seiner Nähe ist. Er verselbstständigt sich in der Wahrnehmung als Referenz – auf Reisen in die Ferne oder in die nähere Umgebung. Und er übt eine Art körperliche und geistige Anziehung aus. Kurz: Er macht sich selbstständig und spielt eine Rolle, die andere Plätze nicht ausfüllen können. Mögen manche Zeitgenossen dieses Gefühl im heimischen Wohnzimmer, auf einem Berggipfel, unter einem Baum, im Park oder im Garten genießen – bei mir ist es das Gögerl.

Aus dem Boden geformt von kolossalen Eismassen und geschliffen von den Gletschern der Würm-Eiszeit vor über 10.000 Jahren, ist das Gögerl eine Endmoräne, die Weilheim wie ein weitläufiger Wall von Osten her umgibt. Als Füllungen von Löchern im Eis sind kleine Buckel entstanden, die dem ehemaligen Weideland seine charakteristische Form geben. Was englische Parkplaner im 18. Jahrhundert ersannen, gibt es im Pfaffenwinkel sozusagen von Haus aus: weich geschwungene Hügel, die sich wie ein begehbares Landschaftsbild szenisch vor dem Horizont erstrecken.

Über sie ziehen sich Wanderwege, die von unterschiedlichsten Busch- und Baumarten gesäumt werden. Beinahe wie im Märchen sieht die weich rollende Hügellandschaft aus, die im unteren Teil noch immer landwirtschaftlich genutzt wird. Oberhalb findet sich Magerrasen, dessen Artenvielfalt einzigartig im gesamten Alpenvorland ist. Entsprechend bunt treibt es die Natur zwischen den Hügeln, die schon Weilheimer Kinder als Katzenbuckel, Schlittenberg und Teufelshang unterscheiden können. Die durchaus steilen Wiesenhänge des Hechenbergs sind im Winter Schauplatz halsbrecherischer Schlittenfahrten – sogar die Reste einer Skisprungschanze kann man im Hang entdecken. Bis sie im Krieg als Sonnwendfeuer verheizt wurde, drückten sich wagemutige Weilheimer Skispringer von ihrem Schanzentisch ab – mit ziemlich beeindruckendem Ausblick in Richtung des Hohen Peißenbergs.

Sobald die Frühlingssonne die Wiesen abgetaut hat, sind die Disc-Golfer am Gögerl unterwegs. Der Kurs umfasst 18 Bahnen und wird vor allem vom Weilheimer Verein *Bavarian Airhawks* genutzt. Sonntags wie wochentags genießen nebendran Spaziergänger die Sonne. Nach getaner Arbeit lassen sich an diesem Westhang auch noch die letzten Sonnenstrahlen einfangen. Geschichtsinteressierte können sich die Reste einer frühmittelalterlichen Wallanlage anschauen, hinter der einst die Gögerlburg stand. Unweit der Waldwirtschaft am Gögerl erinnert ein Sandsteinblock an eine Franziskanerklause, die hier 1704 erbaut wurde.

Vor allem im Herbst ist das Gögerl auch Sehnsuchtsort für alle, die ihr Herz an den *Indian Summer* Nordamerikas verloren haben. Das feurige Farbspiel, das hier durch Büsche, Laub- und Nadelbäume geistert, kann mit dem Original leicht mithalten und ist ein Grund, im September daheim zu sein.

Naturfotografen sollten ihr Zoom-Objektiv nicht vergessen. Auf dem Gögerl gedeiht Seltenes wie Hexeneier, Klappertopf oder Herzgespann.

FÜR DISC-GOLFER AUS DEM GESAMTEN BUNDESGEBIET IST DAS GÖGERL EIN BEGRIFF. DER 18 BAHNEN UMFASSENDE KURS WURDE VON DEN »BAVARIAN AIRHAWKS« ANGELEGT UND BEFINDET SICH MITTEN IM SCHÖNEN NATURSCHUTZGEBIET.

HERZENSANGELEGENHEIT: ROB UND ULI LANGE DÜRFEN GETROST ALS »ECHTE ORIGINALE« BEZEICHNET WERDEN.

GREITHER 9 /// GREITHERSTRASSE 9 /// 82362 WEILHEIM /// 08 81 / 22 52 ///

WEILHEIMS WOHNZIMMER FÜR MUSIKER UND FANS

Weilheim – Greither 9

44

Eigentlich wollten Uli und Rob Lange immer schon eine Kneipe haben. Und eigentlich gibt es im Leben der beiden wenig Wichtigeres als Musik. Und überhaupt hatte ihr Wohnzimmer im Erdgeschoss des Anwesens an der Greitherstraße 9 genau die richtige Größe … Also fassten sich der Eigentlich-Heizungsbauer und seine Frau ein Herz, bauten eine Bar auf, hängten jede Menge Bilder von Lightnin' Sam Hopkins bis Jim Morrison an die Wände – und öffneten ihr Wohnzimmer der Allgemeinheit als Kneipe.

Den Musikern im erweiterten Freundeskreis der beiden war der heimelige Raum mit dem urigen Kachelofen und den gemütlichen ledernen Sofas schon lang ein Begriff. Regelmäßig hatten die beiden zu ziemlich legendären Jam-Sessions geladen, bei denen auch der Hausherr – ein versierter Blues-Experte – gern selbst zur Gitarre griff. Es ist beinahe logisch, dass sich die *Greither 9* in den paar Jahren seit ihrer Eröffnung einen Kultstatus erarbeitet hat – ohne Übertreibung. Das hat viele Gründe. Zum einen spielt das handverlesene Live-Musikprogramm eine Rolle: irgendwo zwischen Blues, Rock, Folk, Bluegrass und eigentlich allem, was ohne Verstärker dargeboten gehört. Dazu kommen sicher auch die bunten Abende, bei denen sich Hobbykabarettisten, Gelegenheitsschauspieler und Freizeitmusiker in bester Gesellschaft präsentieren können. Zum anderen ist da die herzliche Gastfreundlichkeit und der gemütliche Ton der Wirtsleute, der die *Greither 9* binnen Minuten zum Lieblingslokal werden lässt.

Die schmackhaften Brotzeiten zum ausgesuchten Bier-, Wein- und Whiskey-Programm und überhaupt der handgemachte, authentische Stil des Weilheimer Musikwohnzimmers sind, worauf die Stammgäste von 18 bis 68 immer schon gewartet haben – sie wussten es nur noch nicht.

Die *Greither 9* ist an drei Tagen pro Woche geöffnet. Donnerstag und Freitag von 16 bis 22, am Samstag von 18 bis 22 Uhr. Konzerte laut Aushang.

DIE KIRCHE IST TAGSÜBER GEÖFFNET; DAS HISTORISCHE NETZRIPPENGEWÖLBE IST DURCH EINE GLASTÜR ZU SEHEN.

ST. SALVATOR UND ST. SEBASTIAN /// AM BETBERG /// 82362 WEILHEIM /// 08 81 / 22 87 ///

EIN GOTISCHES BAUDENKMAL, MITTEN AUF DEM FRIEDHOF

Weilheim – Salvatorkirche

45

Der in Weilheim gebräuchliche Name »Friedhofskirche« weckt irgendwie die falschen Assoziationen. »St. Salvator und St. Sebastian« steht zwar mitten auf dem Weilheimer Friedhof. Doch mit an dieser Stelle üblichem buntglasschwangerem Aussegnungshallen-Betonbarock hat das Friedhofskirchlein nichts zu tun.

Das hat zwei Gründe: Zum einen ist sie knapp 70 Jahre älter als der städtische Friedhof auf der kleinen Erhebung im Nordosten der Altstadt. Also stand sie schon, bevor rings um sie herum – in direkter Nachbarschaft des ehemaligen Pestfriedhofs – der städtische Friedhof entstand. Und zum anderen war an der Ausstattung der 1449 vollendeten Kirche nicht irgendwer beteiligt: Elias Greither der Ältere, ein bedeutender Weilheimer Künstler, hat das feine gotische Netzrippengewölbe mit einem äußerst detailreichen Freskenzyklus zur Passion Christi versehen. Der Künstler verlegte darin 1591 die Geschehnisse aus Jerusalem kurzerhand in die kleine oberbayerische Stadt Weilheim – Christus sitzt zum Beispiel auf einem Holzesel, der zur Palmprozession durch die Stadt gezogen wurde und noch heute im Stadtmuseum ausgestellt wird. Im Hintergrund ist die Weilheimer Stadtmauer und die Alpenkette zu sehen.

Dass die Fresken aussehen, als herrschte in der kleinen Kirche heftiges Schneetreiben, liegt daran, dass man sie im 19. Jahrhundert verputzt hat, weil weiße Wände modern waren. Damit der Putz besser haftete, schlug man mit einem Pickel kleine Löcher in die Decke – wie sich nach deren Freilegung herausstellte. Schon das Bauwerk an sich dürfte auch Besucher faszinieren, die mit Kunstgeschichte sonst nichts am Hut haben. Und mit Bauwerk ist der achteckige Zentralraum und der kleine Chor gemeint, aus denen sich der Kirchenraum zusammensetzt. Sein Mittelpunkt ist eine schlanke Säule, über der sich palmenartig das schöne Gewölbe aufspannt.

Die Glocken von *St. Salvator und St. Sebastian* gehören zu Weilheims Geschichte. Sie sind richtig alt – die älteste wurde erstmals 1081 gegossen.

DIE BUNTEN BOOTE AM SÜDENDE DES SEES GEHÖREN DEN WEILHEIMER FISCHERN, DIE AUS DEM DIETLHOFER SEE HECHTE, AALE UND KARPFEN ZUTAGE FÖRDERN.

CAFÉ RESTAURANT SEESTUBEN /// AM DIETLHOFER SEE 1 /// 82362 WEILHEIM /// 08 81 / 63 89 61 ///

DIE WANNE DER WEILHEIMER

Weilheim – Dietlhofer See

5/11

Das Schild war klein, zeigte aber große Wirkung: Vor ein paar Jahren zog ein unbekannter Scherzbold den kollektiven Zorn der Weilheimer auf sich, weil er mit einem Blatt Papier das Verkehrsschild »Dietlhofer See« überklebt hatte. »Dietlhofer Pfütze« war darauf zu lesen. Und, etwas kleiner darunter: »Zum See geht's hier entlang.«

Unnötig zu erwähnen, dass der Scherzbold auf den nahen Ammersee oder den Starnberger See anspielte. Und es ist wahrscheinlich besser, dass er unbemerkt in deren Ufernebeln untertauchen konnte. Bei einem Weilheimer dauert es nämlich eine Zeitlang, bis er grollt. Wenn er aber wütend wird, verdunkelt sich der Himmel. Ein selbiger ist im Sommer übrigens das einzige, das einen Weilheimer davon abhalten könnte, »seine Badewanne« aufzusuchen. Der 600 Meter lange, 200 Meter breite und bis zu 25 Meter tiefe Moorsee verfügt über eine hervorragende Wasserqualität und ist neben dem Gögerl und der Ammer eins von drei heiß geliebten Weilheimer Naherholungsgebieten. Weniger als einen Kilometer von der Stadt entfernt gelegen, ist er in kurzer Zeit zu erreichen. Und was gibt es Schöneres, als in der Mittagspause, nach der Schule oder getaner Arbeit ohne viel Aufwand in einen See springen zu können? Entsprechend geht es in den Sommermonaten im Badegelände des Dietlhofer Sees zu: Dicht an dicht braten die Jungen in der Nähe des Wasserwachthauses in der Sonne. Ihr »Dietschi« ist ihnen heilig, jeder hat sein Revier und kommt oft genug mehrmals am Tag her. Zum Fußballspielen, zum Beachvolleyball, zum Baden, Freunde treffen und Entspannen.

Die Älteren halten sich an die »Seniorenwiese« unterhalb des Restaurants Seestuben, wo im angrenzenden Biergarten ein schöner Sommertag beschlossen und über die Geschichte vom »unverschämten Starnberger« gelacht werden kann.

Der Eintritt zum Badegelände am Dietlhofer See ist das ganze Jahr über kostenlos. Das Seerestaurant und der dazugehörende Biergarten sind barrierefrei.

EINMAL RUND UM DEN SEE FÜHRT DER DIETLHOFER SEEWEG –
VORBEI AN VIELEN INTERESSANTEN PLÄTZEN.
SEESTUBEN /// AM DIETLHOFER SEE 1 ///
82362 WEILHEIM /// 0881/638961 ///
GUT DIETLHOFEN /// DIETLHOFEN 1 ///
82362 WEILHEIM /// 08 81 / 92 45 22 50 ///

EIN SONNTAGSSPAZIERGANG FÜR JEDEN TAG

Weilheim – Seeweg

46

Über die Liebe der Weilheimer zu ihrem See ist ja bereits einiges gesagt worden. Über den Spott, den sie dafür vor allem aus Richtung des Starnberger Sees oder des Ammersees aushalten müssen, ebenfalls. Das alles nimmt ein Weilheimer aber lächelnd in Kauf, schließlich kann er sich über seinen See sogar freuen, wenn er ihn mal links – oder rechts – liegen lässt.

Der Seeweg, wie der Teil eines Wegenetzes um den Moorsee im Norden Weilheims heißt, ist an Sonntagen oder sonnigen Werktagen eine vielfrequentierte Route für Spaziergänger. Am Abend nutzen ihn Berufstätige als Joggingstrecke, um sich den Berufsalltag aus dem Kopf zu laufen. Und im Sommer ist er eine permanent surrende Radl-Route, die die Weilheimer durch goldgelbe Kornfelder hindurch zu ihrer »Badewanne« bringt. Vom Ausgangspunkt beim Parkplatz des Restaurants Seestuben führt er in nicht mal einer Stunde um den See herum. Währenddessen gibt es viel zu entdecken. Im Winter lässt sich am Badestrand den Schlittschuhläufern und Stockschützen zuschauen, die das Badegelände bei Minustemperaturen übernehmen. Er führt weiter auf die Zufahrtsstraße Richtung Gut Dietlhofen, wo die Wiesen, die ans Schilf angrenzen, im Frühjahr voller Wildblumen stehen. Aus dem Garten des stellvertretenden Bundesleiters der Imker Vinzenz Weber dringt Kinderlachen – wenn er Schulkindern erklärt, was in einem Bienenstock passiert.

Kurz darauf ist man gewillt, sich die Augen zu reiben. Beim Gut Dietlhofen grast doch tatsächlich eine Bisonherde! Die stattlichen Wildrinder haben ihre Heimat auf dem idyllischen Gutshof gefunden; ebenso einige andere bedrohte Arten, etwa das Alpine Steinschaf. Zurück auf die andere Seite des Dietlhofer Sees führt der Weg über weichgeschwungene Hügel, denen einst Eiszeitgletscher ihren lieblichen Schliff gaben.

Im Hofladen von Gut Dietlhofen lässt sich der Spaziergang mit dem Nützlichen verbinden. Es gibt dort frische Lebensmittel, unter anderem Eier.

AUSSEN URIG, DRINNEN GEMÜTLICH: DIE »WALDSTRASSE 4«
IST AUCH ENTSTEHUNGSSTÄTTE AKTUELLER POP-MUSIK.

WALDSTRASSE 4 /// WALDSTRASSE 4 /// 82386 HUGLFING ///
01 73 / 4 39 71 74 /// WWW.WALDSTRASSE-4.DE ///

BAYERISCHER BLUES, JAZZ UND VIEL NOSTALGIE

Huglfing – Waldstraße 4

47

So pragmatisch sich die Gründer der *Waldstraße 4* in Huglfing vor über 30 Jahren bei der Namenswahl zeigten, so detailverliebt gehen sie beim Thema Gemütlichkeit zu Werke. In der urigen Stube bollert der Holzofen und verbreitet wohlige Wärme, während Peter Hammer in die Küche verschwindet. Gute fünf Minuten später stellt er seinem Gast eine dampfende heiße Schokolade hin.

Und die Rede ist nicht von lieblos in Tütenmilch eingerührtem Schokoladenpulver, sondern von einer echten, im Wasserbad gelösten Schokolade, die unter ständigem Rühren und unter der Zugabe von kundig zusammengestellten Gewürzen zu einer Delikatesse wird. Der Waldstraßen-Wirt beherrscht diese unzeitgemäß langsam entstehende kulinarische Kunst perfekt. Mit derselben Hingabe richtet er Brotzeiten an, die wunderbar zum Bier an den urigen Holztischen passen. Von seinen ausufernden Reisen in den 60ern kann er ebenso viel erzählen wie von alten Royal-Enfield-Motorrädern, seiner großen Leidenschaft. Der Kneipe sieht man sein Faible fürs Nostalgische, fürs Echte und Handgemachte an. Noch größer allerdings ist seine Leidenschaft für Musik. Deswegen hat er aus der *Waldstraße 4*, die er heute gemeinsam mit seinen Töchtern Marion und Naomi führt, eine Musikkneipe gemacht, in der lokale Musiker ebenso auftreten wie überregional bekannte Bands.

Vor allem der bayerische Blues hat hier Tradition. Einer seiner bekanntesten Vertreter wohnt direkt in der Nachbarschaft, spielt regelmäßig und kommt gern auf eine Halbe vorbei: Williams Fändrich, international bekannt durch seine Band *Williams Wetsox*. Er gilt als Miterfinder des bayerischen Blues und war in den 80ern für ein paar Jahre Wirt der Musikkneipe. Heute ist das Musikprogramm der *Waldstraße 4* weit gefächert und reicht von echter bayerischer Volksmusik über Jazz bis hin zu Hip Hop.

Jeden Samstag findet in der *Waldstraße 4* eine Jam-Session für Musiker aller Stilrichtungen statt. Sonntag und Montag hat die Kneipe geschlossen.

WILLIAMS FÄNDRICH VEREINT SCHEINBAR GEGENSÄTZLICHES

Blues auf Bayerisch

Williams Fändrich vereint seit über 30 Jahren scheinbar gegensätzliche Welten: die bairische Sprache und den Blues. Mit seiner vierköpfigen Band *Williams Wetsox* bluesrockt der Huglfinger seit drei Jahrzehnten hauptberuflich.

Der »Wetsox-Effekt« ist weithin bekannt: Es braucht nur ein paar Minuten dieser scheinbar abenteuerlichen Mischung und schon keimt der Verdacht, dass Bairisch und der Blues irgendwie aufeinander gewartet haben. Und genauso fühlte es sich an, als sich Fändrich erstmals in den späten 70ern an dieser kühnen Fusion versuchte: »Es hat irgendwie in der Luft gelegen«, so Fändrich, »die Österreicher waren ein bisschen früher dran, und auch in Bayern hat's schon vor mir Versuche gegeben.«

Mit der anderen Zutat für seine Musik, dem Blues, wurde Fändrich schon mit 13 Jahren infiziert. Mit seiner ersten Band *Maria Johanna* spielte er Blues im Stile John Mayalls und plante eigentlich, mit seinen Freunden nach Kanada auszuwandern. Die Pläne zerschlugen sich, als die Musiker die Chance bekamen, sich an der Münchner Jazzschule in Pasing fortzubilden und ein Haus in Isen zu beziehen. Von dort führte Fändrichs Weg in den Bluesclub Oberdorfen, dessen Wirt er ein Jahr lang war, und über Berlin, Regensburg und Schlehdorf in den späten 80ern wieder zurück nach Huglfing. Seine Heimat hat der verheiratete Patchwork-Familienvater nie mehr verlassen. Mittlerweile betreibt seine Frau die Huglfinger Musikkneipe *Hey, Schaffner*, die nach einem Stück aus der Feder ihres Mannes benannt ist.

In Huglfing war Williams Fändrich ab 1983 Wirt der Blueskneipe *Waldstraße 4* und später musikalischer Leiter des Live-Clubs und verhalf ihr durch Kontakte und Kompetenz zu einem weitreichenden Ruf im Oberland. Seit fünf Jahren widmet sich Fändrich ausschließlich seinem Hauptbroterwerb *Wetsox*, mit denen er bislang vier LPs und sieben CDs produzierte – inklusive Genre-Hits wie *Da hoibe simme Zug* und *Hey, Schaffner*. Auch wenn die im Schnitt hundert

Auftritte im Jahr Williams Wetsox weit über die Landesgrenzen hinaus führten – Basis war und bleibt die *Waldstraße 4*.

Inhaltlich geht es bei Williams Fändrichs Blues ziemlich genau um die gleichen Themen wie im amerikanischen: Glück und Pech mit Frauen, vergangene Zeiten, das einfache Leben, die Tücken des Arbeitsalltags, das ewig kaputte Auto, übers Motorradfahren, durchfeierte Nächte und Geschichten von Schnaps und Bier. Die Handlungen spielen allerdings im persönlichen Umfeld des Musikers, in Oberbayern. Und ein weiteres Thema hat er auf der Palette: die Schönheit des bayerischen Oberlandes. So besingt er zum Beispiel die friedliche Anmut des Ammertals oder die therapeutische Wirkung, die ein ungestörter Aufenthalt in unberührter Natur haben kann.

Klar, dass jemand, der Bairisch und Blues verknüpft, auch bei der Erzeugung seiner Platten regional denkt und handelt. Seine jüngste Platte *da Fisch springt aus'm Wasser*, die 2012 beim Münsinger Label *BSC Music* erschienen ist, nahm er live vor Publikum auf. Am Mischpult saß der Weilheimer Musiker und Tontechniker Robin Auld. Orte des Geschehens war die *Waldstraße 4* in Huglfing sowie der Wangerbaur in Painhofen. Fünf Titel hat Stefan Stoppok in seinem Issinger Studio aufgenommen; das CD-Cover designte Schlagzeuger Alex Bartl, das Schriftdesign übernahm der Weilheimer *Greither-9*-Wirt und Blues-Spezialist Rob Lange.

Bairischer Blues ist also mehr als nur die Spielart eines Genres, in dem sich auch Peter Jacobi, »Isar-Indianer« Willy Michl, *Schorsch & de Bagasch* klangvolle Namen gemacht haben. Es ist ein authentischer Lebensstil – und eine Hommage an die Heimat, ihre Natur und die Bewohner fernab von Heimattümelei.

FREILICHTMUSEUM GLENTLEITEN, FLACHSANBAU
VOR DER SYSTEMBAUHALLE AUS WARNGAU

RUHIGE ORTE, GEMÜTLICHE BIERGÄRTEN, VERSTECKTE BADEPLÄTZE UND JEDE MENGE TOLLE AUSBLICKE IN DIE NATUR GIBT ES ENTLANG DES STAFFELSEE-RUNDWEGS.

SEERESTAURANT ALPENBLICK /// KIRCHTALSTRASSE 30 /// 82449 UFFING AM STAFFELSEE /// 0 88 46 / 93 00 /// WWW.SEERESTAURANT-ALPENBLICK.DE ///

20 KILOMETER ZWISCHEN NATURSCHUTZGEBIET UND BIERGARTEN

Wanderung auf dem Staffelsee-Rundweg

48

Wenn man es mal ganz genau nehmen will, dann ist der Staffelsee nicht nur ein Lieblingsplatz, sondern reiht entlang seines Ufers gleich eine ganze Menge Orte auf, zu denen man wieder und wieder zurückkehren möchte. Der Staffelsee-Rundweg, der 20,5 Kilometer um das an Buchten und Halbinseln reiche Gewässer herumführt, verbindet sie glücklicherweise alle.

So lässt sich ein ereignisreicher Tag in der typischen Kultur- und Naturlandschaft des oberbayerischen Voralpenlands verbringen. Wer es lieber sportlich mag, ist in vier bis fünf Stunden eine abwechslungsreiche Strecke gegangen und kann sich mit rauchenden Socken in die Murnauer Fußgängerzone setzen. Wanderer, denen mehr Zeit gegeben ist, sollten sich eine gute Kamera, reichlich Verpflegung und ein paar Euro für die *MS Seehausen* einstecken. Ungefähr auf der Hälfte des Wegs befindet sich nämlich Uffing, wo unter anderem das Seerestaurant Alpenblick mit einem sehr schönen Biergarten wartet. Wer sich am Biertisch mit den netten Sitznachbarn verratscht, der kann sich vom Boot zurück nach Murnau fahren lassen – wo die Tour begonnen hat. Sie führt vom Murnauer Anlegesteg aus gegen den Uhrzeigersinn um den Staffelsee. An seiner Nordseite offenbaren sich fantastische Blicke ins Gebirge. Die Inseln Mühlwörth, Buchau, die große und die kleine Birke, das Gradeneiland, die große Wörth und die Jakobsinsel kommen in Sicht. Der gut ausgeschilderte Weg führt durch ein Naturschutzgebiet, in dem unter anderem sibirische Schwertlilien gedeihen.

Weiter geht's durch schilfiges Verlandungsgebiet und durch uralte Eichenhaine bis nach Uffing. Während des ganzen Wegs warten immer wieder schöne Rastplätze. In der zweiten Hälfte von Rieden und Seehausen nach Murnau führt der Weg oberhalb des Sees durch Weiden und Wiesen – abendliche Alpenblicke inklusive.

Der Alpenblick-Biergarten ist übrigens nicht nur im Sommer geöffnet. Bei gutem Wetter gibt's im Winter zum herrlichen Ausblick Glühwein und Bratwürst'.

DER MURNAUER UNTERMARKT HAT NICHT NUR CAFÉS UND KLEINE GESCHÄFTE, SONDERN DURCH SEINE BERGAB FÜHRENDE FUSSGÄNGERZONE AUCH SCHÖNE BLICKE IN DIE BERGE ZU BIETEN.

SCHLOSSMUSEUM MURNAU /// SCHLOSSHOF 2 – 5 /// 82418 MURNAU /// 0 88 41 / 47 62 01 /// WWW.SCHLOSSMUSEUM-MURNAU.DE ///

DAS TOR DES PFAFFENWINKELS IN RICHTUNG DER BLAUEN BERGE

Murnau – Schlossmuseum und Fußgängerzone

49

Licht spielt in den Bildern von Wassily Kandinsky und Gabriele Münter eine große Rolle. So ist es nicht weiter verwunderlich, dass das spezielle Licht in der Gegend um Murnau nicht nur die beiden Maler inspirierte; den Dichter Ödön von Horváth, den Wegbereiter der Neuen Musik Arnold Schönberg sowie den Maler Franz Marc. Der wohnte zwar nicht in Murnau, besuchte aber oft seine Freunde Kandinsky und Münter. 1909 erwarb die Künstlerin ein Haus, das bald despektierlicherweise als »Russenhaus« bekannt war. Auf einer Runde durch den schönen Markt Murnau darf eine Stippvisite beim Münter-Haus nicht fehlen.

Wer wissen will, was die beiden in Murnau getrieben haben, dem sei ein Besuch im Schlossmuseum ans Herz gelegt, wo unter anderem zahlreiche Werke der Expressionisten ausgestellt sind. Vom Schloss aus sind Ober- und Untermarkt nicht weit – Murnaus langgezogene Fußgängerzone. Die stattlichen Handwerker- und Bürgerhäuser, die bunt und mit verschiedensten Giebeln die breite Marktstraße säumen, zeugen von einer Zeit, in der Murnau als Mittelpunkt der alten Straße von Weilheim nach Mittenwald florierte. Entlang der ehemaligen Marktstraße haben heute Geschäfte ihren Standort. Eisdielen, Cafés und Bistros bewirten im Sommer ihre Gäste draußen und gute Adressen für feine Weine tun das Ihre zum veritablen norditalienischen Flair. Aber auch Freunde gepflegter Weißbiere kommen in Murnau auf ihre Kosten: Das Hefeweizen der Traditionsbrauerei Karg ist eine echte Spezialität.

Am eindrucksvollsten präsentiert sich Murnaus Mitte allerdings vom nördlichen Ende der Fußgängerzone aus. Ober- und Untermarkt fallen gemächlich ab, die warmen, gelben Straßenlaternen an ihren Rändern säumen den Blick über die Mariensäule hinweg hinein ins blaue Gebirge; Kandinsky und Münter hätten ihre wahre Freude dran.

Das nahe Murnauer Moos ist ein äußerst lohnendes Ausflugsziel und mit über 30 Quadratkilometern das größte intakte Alpenrandmoor in Mitteleuropa.

AUFGRUND SEINER VIELEN SCHÖNEN WINKEL IST EINE BOOTSTOUR AUF DEM STAFFELSEE SEHR EMPFEHLENSWERT. IN SEEHAUSEN UND MURNAU GIBT ES BOOTSVERLEIHE.

STAFFELSEE-FREIBAD MURNAU /// SEESTRASSE 31 /// 82418 MURNAU /// 0 88 41 / 98 61 /// WWW.LIDO-MURNAU.DE ///

GEMEINDEBAD UFFING /// SEESTRASSE 53 /// 82449 UFFING /// 0 88 46 / 91 43 11 ///

EINE SCHÖNHEIT MIT SIEBEN INSELN – MITTEN IM BLAUEN LAND

Am Staffelsee-Ufer

6/11

Einheimische aus der Umgebung und Urlauber, die regelmäßig dorthin kommen, verbindet eine tiefe Zuneigung zum Staffelsee. Und wer nur ein einziges Mal im Biergarten des Seerestaurants Alpenblick bei einem halben Hendl und einer Maß Bier am Spätsommerabend oberbayerische Gastfreundschaft erleben durfte oder den erhitzten Kopf nach einer Bergtour mit einem Sprung ins klare Staffelsee-Wasser kühlen konnte, der wird das verstehen. Auf gut Oberbairisch: Es gibt schon viel hässlichere Plätze als diesen verwinkelten See direkt vor den Alpen.

Etwas nördlich vom Tor zum Werdenfelser Land gelegen, bietet der Staffelsee vor allem vom Nordufer aus ein Bergpanorama wie aus dem Hochglanz-Kalender. Und kurz bevor im Westen die Sonne untergeht, taucht sie den See in warmes, orangefarbenes Licht. Anschließend lernt der Besucher, wieso die Zeit zwischen Dämmerung und Nacht auch »Blaue Stunde« genannt wird. In diesem Landstrich nimmt es die Natur nämlich sehr genau mit diesem Begriff und lässt Berge, See und die Hügel davor in unzähligen Blautönen erscheinen. Deshalb wird das Voralpenland um den Staffelsee herum auch »Blaues Land« genannt. Der Name geht zurück auf die Künstlerbewegung *Der Blaue Reiter* um Gabriele Münter, Wassily Kandinsky und Franz Marc – die Anfang des 20. Jahrhunderts in Murnau beziehungsweise Sindelsdorf lebten und dort Meisterwerke des Expressionismus schufen. Ihre gemeinsame Liebe zur Farbe Blau war der Anlass für die Namensgebung. Das geheimnisvolle blaue Licht, das sich sonst nirgendwo im Voralpenland in dieser Art findet, inspirierte sie zu jeder Menge Naturbildern.

Am besten erschließt sich der Reiz des Staffelsees im Sommer, zum Beispiel bei einer Ruderboot-Partie rund um die Insel Wörth, einer Fahrt mit der *Seehausen* oder von einem der vielen schönen Badeplätze aus.

Das Haus, in dem Gabriele Münter und Wassily Kandinsky 1909–1914 gelebt haben, steht heute noch in Murnau und kann besichtigt werden. Info: 08841/628880.

VON WIESEN UMGEBEN, VON BUNTEN LAUBBÄUMEN GESCHMÜCKT UND
VON BEWOHNERN WIE URLAUBERN GELIEBT: DER RIEGSEE NAHE MURNAU.
GEMEINDE RIEGSEE /// DORFSTRASSE 35 ///
82418 RIEGSEE /// 0 88 41 / 39 85 /// WWW.RIEGSEE.DE ///

KLARES, BLAUES WASSER IM BILDERBUCH-BAYERN

Riegsee bei Murnau

7/11

Als Blaupause einer typisch oberbayerischen Landschaft wird ein Winkel östlich des Staffelsees oft beschrieben: die Gegend um den Riegsee herum. Und es stimmt schon – viel bayerischer geht es eigentlich kaum, wie der Blick von Süden her kommend auf den Riegsee, seinen kleineren Nachbarn den Froschhauser See und die Gemeinden Riegsee, Aidling und Hagen zeigt.

In einer Senke, weich eingesäumt von Wiesen und Mischwäldern, liegt diese schöne Hinterlassenschaft der Gletscher aus der Würm-Eiszeit da und lockt jedes Jahr jede Menge Touristen ins Blaue Land. Wer ein paar Schwimmstöße vom Ufer weggeschwommen ist, dem dämmert, dass auch allein das tiefe Blau des Riegsees namensgebend hätte sein können. Es stammt vom kristallklaren Grundwasser, das den See unterirdisch speist und ihn zu einem der saubersten Seen in Bayern macht. Es fließt übrigens auch irgendwo an seinem Grund ab und tritt in sprudelnden Quellen im Huglfinger Hungerbach ein paar Kilometer nordwestlich wieder zutage. Während sich die Kirchtürme der anrainenden Gemeinden am Ufer abzeichnen und beim Schwimmen, Surfen, Stand-Up-Paddeln und Segeln als Orientierungspunkte dienen, zeichnet sich im Süden ein fantastisches Alpenpanorama ab. Das kann man auch auf einem zwölf Kilometer langen Rundwegenetz, das den See umschließt, immer wieder sehen.

Die Besitzer der Campingplätze an seinen Ufern geben auch Einheimischen die Möglichkeit zum Baden; schließlich finden sich am Riegsee nur wenige ausgewiesene öffentliche Badestellen. Dieses Miteinander macht diesen See zu einem Sonderfall im Pfaffenwinkel. Denn nicht nur für viele treue Urlauber ist er ein Lieblingsplatz. Auch die Bewohner der umliegenden Gemeinden schätzen das tiefblaue Naturjuwel, an dem sie wohnen dürfen.

Auch am benachbarten, etwas kleineren Froschhauser See gibt es eine gepflegte, große Liegewiese und ebenfalls herrlich klares Wasser mit Bergblick.

ZUSÄTZLICH ZU DEN MONDSCHEINFAHRTEN MIT MUSIK BIETET DIE STAFFELSEESCHIFFFAHRT SCHMANKERLFAHRTEN MIT THEMATISCH UNTERSCHIEDLICHEN MENÜS – VON BAYERISCH BIS ITALIENISCH.

ANLEGESTELLE /// JOHANNISSTRASSE 18 /// 82418 SEEHAUSEN /// WWW.STAFFELSEE.ORG/CHARTER/MONDSCHEIN.PHP ///

TANZENDE FISCHE UND EIN PRIVATKONZERT AUF DECK

Staffelsee – Mondscheinfahrt

50

Ist der Sonnenuntergang über dem Staffelsee von Uffing oder von Murnau aus am schönsten? Beides gute Tipps. Noch schöner lässt sich der Sonnenuntergang aber von der Seemitte aus genießen. Wie das gehen soll? Nun, von der *MS Seehausen* aus. In den Sommermonaten Juni, Juli und August geht das Ausflugsschiff, das ansonsten regulär von 10 bis kurz vor 18 Uhr Rundfahrten auf dem verwinkelten, idyllischen See anbietet, auf Mondscheinfahrt.

Vom Schiff aus kapiert man schon tagsüber sofort, wieso einige Einheimische und regelmäßige Gäste eine fast religiöse Verbindung zu ihrem See pflegen. Wer aber noch ein wenig mehr vom Zauber entdecken will, der den Staffelsee und seine vielen Inseln umhüllt, der begebe sich an den Mondscheinfahrt-Tagen kurz vor 20 Uhr an die Anlegestelle in Seehausen – unweit des Fischerstüberls. Nicht nur die Abfahrtszeit ist ungewöhnlich, auch das Programm an Bord. Im 100 Personen fassenden Salon steht eine kleine Bühne, die Bedienungen schenken an einer kleinen Bar munter ein Weißbier nach dem anderen ein – so geht also bayerisches Boarding. Ein gestandenes Mannsbild in Lederhosen wird wie ein alter Bekannter vom Kapitän persönlich begrüßt. Der Stammgast zeigt sich bescheiden und lässt ein junges Pärchen mit Strickmützen am Ausschank vor, die mitsamt Bier und Gitarre aufs große Oberdeck gehen. Sie genießen mit ihren Freunden auf Deck ein ganz privates kleines Konzert, während unten eine bayerische Bluesband spielt. Wahlweise gibt's bei den Mondscheinfahrten Rock'n'Roll, Jazz oder Volksmusik zu hören.

Und während man sich noch über das sonst gut verborgene Herrenhaus auf der Wörth wundert, weicht das Licht einer wohlig dunkelblauen Sommernacht. Der Mond wirft sein bleiches Licht aufs Wasser und es sieht ein bisschen danach aus, als würden silberne Fische auf dem Staffelsee tanzen.

☞ Informationen zu den Mondscheinfahrten, den Terminen und Fahrzeiten stehen im Internet. Dort lassen sich auch bequem Plätze reservieren.

WIE ÜBERALL AM WALDESRAND GILT AUCH AM BLASELWEIHER: VORSICHT, ZECKEN! NICHT INS HOHE GRAS LEGEN, WO DIE KLEINEN BIESTER MIT VORLIEBE HÄNGEN – SONDERN AUF DEN GEMÄHTEN TEIL DER WIESE.

BLASELWEIHER /// SEESHAUPTER STRASSE /// 82362 MARNBACH ///

DER WEIHER FÜR DIE DOPPELTE ABKÜHLUNG

Blaselweiher bei Marnbach

8/11

Kein Weilheimer, kein Marnbacher und auch kein Deutenhausener, dem beim Gedanken an Sommer nicht sofort der Blaselweiher einfällt. Dieser knapp drei Hektar große und fast rechteckige Moorweiher bei Marnbach befindet sich keine zehn Autominuten von Weilheim entfernt Richtung Seeshaupt. So mancher Weilheimer hat hier schwimmen gelernt – und nicht im Dietlhofer See, wo es dafür ja auch viel zu hektisch zugeht.

Vor allem für die Alteingesessenen ist der Blaselweiher Schauplatz wertvoller Erinnerungen. Die ersten Grillabende mit den Schulkameraden, legendäre Übernachtungen unterm Sternenzelt und nicht zuletzt vertraute Stelldicheins mit der Liebsten oder dem Liebsten in einer Zeit, zu der es sich nicht geziemte, erste Küsse auf offener Straße auszutauschen. Solche Geschichten gibt es zuhauf und die älteren Damen und Herren, die sich regelmäßig auf einen »Schwumm« dort treffen, erzählen ihre Blaselweiher-Geschichten gern. Ob es um geheime Mopedrennen in den 60ern, die erste Ausfahrt mit dem eigenen Käfer oder ein auf dem Badesteg festgeschmolzenes Käsebrot mit atemberaubender Wirkung geht: Den Geschichten schwingt ein vertrauter Grundton mit, nach dem man am Blaselweiher sozusagen unter sich ist. Dieses über Generationen vertraute Gefühl zu diesem eher unscheinbaren, aber idyllisch gelegenen Gewässer inmitten von ziemlich naturbelassenen Waldwiesen macht den Weiher zum Lieblingsplatz vieler Pfaffenwinkel-Bewohner.

Und eine Erinnerung hat einfach jeder, der öfter als ein paar Mal da war: Weil der Weiher von hohem Wald umgeben ist, lassen sich aufziehende Sommergewitter meist erst buchstäblich in letzter Sekunde ausmachen. So folgt dem erfrischenden Bad im See eine kühle Dusche – auf dem Nachhauseweg.

Die Straße zum Blaselweiher ist für Autos gesperrt. Vom Parkplatz unweit der Abzweigung kurz nach Marnbach sind es knapp zehn Minuten zu Fuß.

WENN DAS WETTER ZU KÜHL FÜR DEN SCHÖNEN BIERGARTEN IST, WARTET IM INNEREN DES »STERN« EINE URIGE GASTSTUBE.

ZUM GOLDENEN STERN /// MARNBACHER STRASSE 2 /// 82362 WEILHEIM-DEUTENHAUSEN /// 08 81 / 22 58 ///

EIN ORT, AN DEM DIE ZEIT LANGSAMER VERGEHT

Deutenhausen – Stern

51

Ob nach einem Spaziergang durch den Weilheimer Hardt, nach einer Wanderung von Weilheim übers Gögerl nach Deutenhausen oder nach einem Badetag an einem der vielen Badeweiher in der Umgebung – der Stern ist ein gastronomischer Fixpunkt im Pfaffenwinkel.

Seit 1906 gibt es den Gasthof an der Marnbacher Straße schon und seither ist er in Familienbesitz. Und obwohl sich in über hundert Jahren so einiges geändert hat: Die grundehrliche Gemütlichkeit, mit der die urige, kachelofenwarme Gaststube Besucher empfängt, ist über Jahrzehnte gewachsen und könnte nicht mit viel Mühe nachempfunden werden. Es ist also gut, dass die Zeit im Gasthaus *Zum Goldenen Stern*, wie es korrekt heißt, langsamer vergeht. Denn wieso sollte man ein Konzept ändern, das in Bayern aus gutem Grund vielgeschätzte Tradition geworden ist? Echte Gemütlichkeit ist eben keine Frage sogenannter Events oder aufwendiger Dekoration. Gerade am blanken Holztisch lässt sich bei einer herzhaften Brotzeit und einer kühlen Halben Bier wunderbar stundenlang ratschen. Und wenn sich dann noch das Zeitempfinden verselbstständigt, können ein paar Stunden im richtigen Gasthaus dieselbe Wirkung haben wie ein Kurzurlaub.

Auch die Speisekarte lässt sich auf keine Experimente ein. Serviert wird selbstgebackenes Bauernbrot und Brezen, wozu vor allem das hausgemachte Geräucherte zu empfehlen ist. Wer etwas Warmes möchte, kann die im weiten Umkreis bekannten Brotzeiten links liegen lassen und die beiden anderen Stern-Klassiker ordern: Das Schnitzel, standesgemäß serviert mit in Butter geschwenkten Bratkartoffeln, oder die Forelle, die irgendwie nach Großmutters Eisenpfannen schmeckt, haben reichlich Legendenpotential. Im Sommer munden sie im gemütlichen Hof, unter den hohen Kastanien, übrigens doppelt so gut.

Wer sichergehen möchte, dass er einen Platz in der kachelofenbeheizten Gaststube bekommt, sollte telefonisch reservieren.

DIESE BILDER SIND AM HELLLICHTEN TAG AUFGENOMMEN UND KOMMEN GANZ OHNE GEISTERERSCHEINUNGEN AUS. DER TRITT IN FORM EINES SCHUHS IM WEIHESTEIN DIREKT VOR DEM ALTAR IST GUT ZU ERKENNEN.

HARDTKAPELLE /// HARDTKAPELLENSTRASSE /// 82362 WEILHEIM ///

EIN PLATZ FÜR ANDÄCHTIGE MOMENTE ODER EIN ORT ZUM GRUSELN?

Haunshofen – Hardtkapelle

52

Nicht erst seit der Erfindung des Internets ist die Hardtkapelle bei Haunshofen ein Ort, bei dessen Erwähnung es so manchem kalt den Rücken hinunterläuft. Die abgelegene Kapelle liegt mitten im Wald auf der Flurgrenze zu Weilheim und ist Schauplatz gruseliger Legenden und einer der wenigen Orte in Deutschland, die es mit einer Teufelserscheinung in die Chroniken gebracht haben. Wer die kleine Kapelle am helllichten Tag besucht, wird kaum glauben, wieso sie so eine Faszination auf Geisterjäger und Anhänger des Überirdischen ausübt. Sie liegt ziemlich idyllisch mitten im Wald und reckt ihren kleinen Spitzturm keck zwischen zwei hohen Bäumen in den Himmel.

Das Kirchlein befindet sich auf der linken Seite der Hardtkapellenstraße, die von Weilheim nach Bauerbach führt, ungefähr nach zwei Dritteln des Weges. Am Platz vor der Kapelle endet ein Kreuzweg, der unten im Tal beginnt und vor allem zur Osterzeit ein beliebtes Ziel für gläubige Naturfreunde ist.

Für alle, die mit dem Begriff nichts anfangen können, eine kleine Erklärung: Ein Kreuzweg ist an sich eine Hilfe zur Andacht. Entlang eines Weges ist die Leidensgeschichte Jesu in Bildstöcken, Bildern oder Skulpturen abgebildet. Sie sollen helfen, über den Ablauf der Geschehnisse, die vor 2000 Jahren mit einer Kreuzerrichtung auf dem Berg Golgota ihren Höhepunkt fanden, nachsinnen zu können. Ein Kreuzweg hat im Allgemeinen 14 Stationen, die mit der Verurteilung durch Pontius Pilatus beginnen und mit der Grablegung Jesu enden. Im Bistum Augsburg, dem Teile des Pfaffenwinkels angegliedert sind, gibt es den Sonderfall des fünfzehnteiligen Kreuzwegs. Er thematisiert zusätzlich entweder die Kreuzauffindung durch Kaiserin Helena – manchmal auch eine Darstellung der Auferstehung.

Im Fall der 14 Stationen des Kreuzwegs bei der Hardtkapelle helfen die natürlichen Gegebenheiten zusätzlich zu den Bildern bei der vorösterlichen Meditation. Der schmale Pfad beginnt in einer schattigen Senke, führt bergauf durch dichten Wald und öffnet sich zu einer hügeligen Wiese. An einem sonnigen Tag tritt der Gläubige sozusagen mit den Bildern der grauenvollen Folter und Hinrichtung Jesu aus dem Schatten des Waldes heraus, hinein ins Licht. Ein schönes Szenario für die Auferstehung.

Erbaut wurde die Hardtkapelle um das Jahr 1865, doch bereits seit dem 13. Jahrhundert soll sich auf dem Hügel ein Kirchlein befunden haben. Es soll als Wallfahrtskirche *Maria Hilf* von der Gemeinde Haunshofen über einem Stein gebaut worden sein, der auch heute noch gut durch das Metallgitter hinter dem Portal zu sehen ist. In ihm ist ein tiefer Fußabdruck zu sehen.

Folgende Legende wird in diesem Zusammenhang erzählt: Zwischen Weilheimer und Haunshofener Bauern gab es immer wieder Streit um die waldigen Fluren. Sie waren wertvoll zum Austreiben der Viehherden; den Wald für die Schweinemast, die Lichtungen für Rinder und Schafe. Als es wieder einmal heiß herging, ob denn nun die Weilheimer oder die Haunshofener das Land nutzen dürften, sei plötzlich – hier gibt es zwei Versionen – ein Hirte oder ein edler Jüngling aus dem Wald getreten. Mit seinem rechten Fuß auf dem Stein soll er gerufen haben: »So wahr ich trete in diesen Stein / dies ist Haunshofer G'mein.«

Im Hochmittelalter war der Fuß auf dem Stein eine durchaus übliche Geste von herzoglichen Gesandten, daher ist es nach Ansicht von Heimatforschern eher wahrscheinlich, dass eine Autoritätsperson (und kein Jüngling oder Hirte) mit dieser Geste die Flur für ihren Herrn in Besitz nahm. Dennoch hält sich bis heute die Sage, dass der Teufel selbst die Gemeindegebiete geteilt hat. Wie sollte schließlich ein menschlicher Fußabdruck tief in einen Stein geraten, der seit der Eiszeit an dieser Stelle liegt? Bis heute gilt die Hardtkapelle als Ort unheimlicher Vorgänge.

So ist es in der Gegend immer noch üblich, dass Jugendliche zur Mutprobe die 5,2 Kilometer zur Kapelle in den Wald fahren, deren Tor öffnen – oder gar auf dem Parkplatz übernachten. Auf dem Rückweg soll der Kilometerzähler übrigens nur noch 4,9 Kilometer anzeigen. Einige berichten von auftauchenden Schwindelgefühlen, manche wollen eine weiße Frau, andere einen schwarz gekleideten Mann gesehen haben. Wer den Kreuzweg rückwärts hinabgehe, spiele mit seinem Leben, heißt es.

Das Internet ist voll mit Geschichten auf einschlägigen Foren, wo die Hardtkapelle auch als »Geisterkapelle« geführt wird. Sogar das Magazin der Süddeutschen Zeitung brachte in einer Halloween-Ausgabe einen Hinweis auf die »verfluchte Kapelle« bei Weilheim.

Eine Besucherin berichtet von blanker Panik, einem Gefühl des Festgehaltenwerdens und meint, auf einem ihrer Bilder einen Jüngling durchs Kirchenfenster erkennen zu können, der sie anblickt. Auch nichtsahnende, unwissende Besucher berichten, bei der Kapelle jedes Gefühl für Raum und Zeit verloren zu haben. Der spektakulärste Fall ereignete sich vor ein paar Jahren.

Zwei Mädchen berichten von einem Ausflug zur Kapelle, bei dem sie auch den umliegenden Wald erkunden wollten. Nachdem sie nach etwa einer Viertelstunde starke Schmerzen am Rücken verspürten, traten sie aus dem Wald und stellten Brandverletzungen – ähnlich solcher, die durch ausgedrückte Zigaretten auf der Haut entstehen – an sich fest. Außerdem, dass mittlerweile fünf Stunden vergangen waren.

Nichtsdestotrotz gibt es in der Gegend jede Menge »Mutige«, die Tag für Tag die Kapelle als Ausgangspunkt für ausgedehnte Spaziergänge oder als Brotzeit-Stelle für eine Radtour durch den Hardt nach Bauerbach oder an den Starnberger See nutzen.

Verbinden lässt sich eine Stippvisite der Hardtkapelle mit einem Besuch im Buchheim Museum in Bernried oder einem Spaziergang im Magnetsrieder Hardt.

DER BILMESSSCHNEIDER UND DER FILZDRACK

Legenden aus dem Pfaffenwinkel

Geschichten, die man sich seit Generationen erzählt, gibt es überall. Allerdings beschleicht einen schon das Gefühl, dass es im Pfaffenwinkel arg viele Volkslegenden gibt. Am bekanntesten sind natürlich die, in denen Übernatürliches vorkommt. Sie überstehen sogar Jahrhunderte – man denke nur an die Hardtkapelle. Und es würde ein eigenes Buch füllen, alle Sagen um ein anderes Kirchlein im Wald aufzuschreiben: die so genannte Pestkapelle bei Pollingsried. Geisterhafte »weiße Frauen« gibt es in der Gegend gleich ein paar. Jedoch braucht es nicht gleich Tod oder Teufel für eine »echte« Pfaffenwinkel-Legende. Es gibt sie auch von Menschen, die entweder über Bärenkräfte, die Sehschärfe eines Adlers oder die Schläue eines Fuchses verfügt haben sollen. Dass ausgerechnet in einer von Kirche und Klöstern geprägten Gegend wie dem Pfaffenwinkel derart viele Volkssagen entstehen konnten, ist auf den zweiten Blick nicht verwunderlich.

Denn ebenso wie von der hohen Geistlichkeit ist der Pfaffenwinkel vom bäuerlichen Leben geprägt. Wer täglich draußen ist, inmitten dieser wunderbar weichen, fruchtbaren und lebensfreundlichen Landschaft, der wird auch die Kontraste empfindlicher wahrnehmen. Und er wird so manche Laune der Natur mitbekommen. Vermischt mit der Zutat zu einer jeden guten Geschichte, nämlich eine Prise Übertreibung, können saftige Sagen entstehen. Böse Zungen behaupten, dass auch die Religion zum Aberglauben half: Die frommen Pfaffenwinkel-Bewohner waren durch die naturgemäße Bedingung des Glaubens, gewisse Geheimnisse ohne Nachweis hinzunehmen, geübt im Glauben an das Übernatürliche.

Die Legende vom Bilmessschneider ist ein schönes Beispiel für eine typische Sage aus der Region. Sie entspringt dem bäuerlichen Leben, hat einen religiösen Angelpunkt und einen Hexer als Hauptperson. Der Bilmessschneider soll sein Unwesen zu einer Tageszeit getrieben haben, zu der anständige Leute ins Gebet vertieft und nicht bei der Arbeit auf dem Feld waren. Er senste mit einer Silbersichel eine schmale Gasse durch das Kornfeld. Das Getreide links vom

Schnitt verdorrte, während das rechts davon weitergedieh. Als Abwehr half zum Beispiel ein Feldkreuz. Derlei wollte der höllengesandte Sichelschneider natürlich nicht sehen. Alternativ konnte man auch am Pfingstsonntag den Zimmerstutzen, ein vergleichsweise kleines Gewehr, kreuz und quer über die Äcker abfeuern. Der Schütze sollte dabei allerdings unbeobachtet bleiben. Wurde er nämlich gesehen, war das Feld dem Bilmessschneider schutzlos ausgeliefert.

Die Geschichte vom Filzdrack beinhaltet auch eine übernatürliche Gestalt – sowie eine böse Obrigkeit und einen bauernschlauen Hauptdarsteller. Der Filzdrack, ein ellenlanger Mann, soll mitsamt seiner Familie während des Dreißigjährigen Kriegs in einem dichten Wald, einem Filz, bei Rottenbuch gehaust haben. Laut der Sage erzählte ihm sein Sohn eines Tages von einem Männlein. Mitten im Wald war es gestanden und hatte ihm einen schwarzen Hut hingehalten. Der Vater erschrak bis ins Mark! Er wusste, was das zu bedeuten hatte. Also ging er mit einer langen Zange zu der Stelle, die ihm sein Sohn beschrieben hatte – und fand den Hut. Der Filzdrack trug ihn geradewegs nach Rottenbuch, wo der gefürchtete Klosterrichter sein Unwesen trieb. Dieser knechtete die armen Leute und wer ihm den Frondienst verweigerte, der wurde böse geschunden. In seiner Gier entriss der Richter dem Filzdrack sogar den schäbigen Hut – und starb ein paar Tage später den schwarzen Tod. Der Filzdrack hatte gewusst, was dem Richter unbekannt war: Wäre der Hut liegen geblieben, hätte sich die Pest ausgebreitet. Opfert sich aber einer und nimmt den Hut, bleiben alle anderen verschont.

PARKEN KANN MAN AUF DEM WANDERPARKPLATZ BEI DER HARDTKAPELLE.

NATURSCHUTZGEBIET /// HARDTKAPELLENSTRASSE /// 82362 WEILHEIM ///

SUMPFGLADIOLEN, ORCHIDEEN UND FLEISCHFRESSENDE PFLANZEN

Naturschutzgebiet Magnetsrieder Hardt

53

»Fleischfressende Pflanzen? Wir sind hier im Pfaffenwinkel und nicht am Amazonas«, wirft der wandernde Herr mit zackigem Ton ein. Seine Frau insistiert und tippt auf ihren Naturführer: Der Sonnentau gedeihe in saisonal feuchten Gebieten auf nährsalzarmen, sauren Böden – stehe dort. Er blickt über den Rand seiner Sonnenbrille und deutet mit seinem Spazierstock in Richtung einer üppig blühenden Sommerwiese: »Also, nach Armut sieht es mir hier aber nicht aus.«

Wer an einem heißen Frühsommertag im Naturschutzgebiet Magnetsrieder Hardt unterwegs ist, kann die Skepsis des wandernden Urlaubers gut nachvollziehen. Auf dem von der Eiszeit geformten Drumlinfeld, das sich weich rollend vor der Bergkulisse am Horizont erstreckt, wuchert das Leben nur so. Links und rechts des Wegs stehen Wiesenblumen in allen Formen und Farben; buschiges Gras wiegt im warmen Sommerwind und zwischendurch blitzen violette Blüten hervor. Dennoch handelt es sich bei diesem Gebiet – das schlaue Büchlein der Wandersfrau hat recht – um ein Moorgebiet. Dessen Böden sind grundsätzlich nährsalzarm und dennoch gedeihen auf ihnen eine Menge seltener Arten, wie sie einst typisch waren für das ganze Alpenvorland. Hier im Magnetsrieder Hardt lässt sich erleben, wie es ursprünglich vor Jahrhunderten im Pfaffenwinkel ausgesehen hat. Hier wachsen auf engstem Raum Torfmoos, Heidekraut, Moosbeere und alle möglichen Orchideenarten – vor allem die seltene Sumpfgladiole. Um sie zu fotografieren, reisen zur Blütezeit Fotografen aus dem gesamten Bundesgebiet in den Pfaffenwinkel.

Den Rücksichtslosen ihrer Zunft ist geschuldet, dass alle naselang ein Warnschild darauf hinweist, man möge doch bitte auf dem Weg bleiben. Entsprechend sollten Fotografen unbedingt ein Teleobjektiv einpacken; mit dem lässt sich auch der Sonnentau leichter finden.

Die Sumpfgladiole, auch Sumpfsiegwurz genannt, braucht feuchten und kalkhaltigen Boden, um gedeihen zu können. Ihre Blütezeit dauert von Juni bis Juli.

DIE ZUFAHRT ZUM GUTSHOF UND ZUM SCHLOSS IST MIT »HAARSEE« AUSGESCHILDERT. DIREKT ZUM BADESTRAND AM SEE GEHT ES AUF DER STAATSSTRASSE 2064 VON WEILHEIM RICHTUNG SEESHAUPT EINE AUSFAHRT WEITER RECHTS WEG. BEREITS AUF DER ZUFAHRTSSTRASSE WIRD DARAUF HINGEWIESEN, DASS SICH DAS SCHLOSS IN PRIVATBESITZ BEFINDET UND NEUGIERIGE BESSER FERNBLEIBEN.

EIN RUNDER SEE UND EIN LEGENDENUMRANKTES SCHLOSS

Haarsee und Schloss Hirschberg

54

Freunde von Freibädern oder Anhänger von Action-Urlauben kommen kaum in den Wald bei Marnbach. Dort, gleich hinter dem Weiher Gumpenau findet sich der Haarsee, unweit des Blaslweihers und des Beatweihers, umgeben von einem uralten Buchenwald. Im Herbst ist die laubwaldreiche Gegend farbenprächtige Kulisse für ausgedehnte Spaziergänge. Entlang der schmalen Wege werden bisweilen Schloss Hirschberg, der benachbarte Gutshof und ein Forsthaus durch die orangerot gefärbten Waldhügel sichtbar.

Seine abgelegene und gleichzeitig idyllische Lage wurde Schloss Hirschberg während der Nazi-Zeit zum Verhängnis. Zwar blieb es von den Schrecken des Zweiten Weltkriegs recht lange unberührt. 1943 beschlagnahmten jedoch die Nationalsozialisten das Schloss Hirschberg. Unter dem Tarnnamen »Waldbichl« wurde es als »Gästehaus des Reichsaußenministeriums« genutzt. Um unerkannt wichtige Politiker und Regimefreunde unterzubringen, strichen die Nationalsozialisten kurzerhand den Schlossturm tarnfarben und überzogen die ganze Umgebung mitsamt der nahen Mitterlache mit Tarnnetzen.

Das Nazi-Regime beherbergte dort beispielsweise im September 1943 den gestürzten italienischen Diktator Benito Mussolini samt Frau Rachele und Familie. Ein Jahr später sollte der ungarische Reichsverweser Miklós Horthy als in »Schutzhaft« genommener »Gast« mit seiner Familie bis zum Kriegsende auf Schloss Hirschberg bleiben. Obwohl Pläne existierten, ihn im Falle einer Invasion durch die Alliierten zu exekutieren, verließ Horthy das Schloss am 1. Mai 1945 als Gefangener der Amerikaner.

Nach dem Krieg war das prächtige Gebäude unter anderem Spätberufenenschule *St. Josef der Oblaten des Hl. Franz von Sales* – dort widmete man sich der Ausbildung von Interessenten am Priesterberuf auf dem zweiten Bildungsweg. Von 1961 an wurde das Schloss vom BND als Schulungsheim genutzt. Die Büsche und Bäume des Parks wurden in jener Zeit so angelegt, dass sie das Anwesen von außen so gut wie verdecken. Aus dieser Zeit kursieren an sich unglaubliche Anekdoten über das Treiben der Agenten in dem abgelegenen Gemäuer, die unter dem Schlossdach sogar einen Schießstand errichteten.

Während Familien in einem kleinen Strandbad ihre Freizeit verbrachten, spielten sich im nahen Buchenwald Szenen wie aus einem Agentenfilm ab: Einmal soll es den Spionen der DDR-Staatssicherheit gelungen sein, das Telefonkabel des BND anzuzapfen. Im Schloss wunderte man sich derweil über Störgeräusche in der Leitung, schöpfte Verdacht und machte sich auf die Suche. Unter einem Holzstapel fanden die Agenten nach einiger Zeit eine Abhörvorrichtung. Im Jahr 2000 verließ der BND das Schloss, woraufhin es 2004 für 3,9 Millionen Euro an einen Unternehmer verkauft wurde.

Der darf sich freuen, ein außergewöhnliches Gebäude mit Geschichte zu besitzen. Erbaut wurde es von 1907 bis 1909 von Karl Rudolf von Hirschberg, der durch seine Hochzeit mit Friederike Albertine Sophie von Faber an eine außergewöhnlich große Mitgift gelangte. Das Ehepaar erwarb die Gutshöfe Gossenhofen, Rothsee und Haarsee und legte 1907 den Grundstein für Schloss Hirschberg. Zwei Jahre lang baute Karl Hocheder, Architekt unter anderem des Müllerschen Volksbads in München, das Schloss im Jugendstil. Er versah es mit einem Haupttrakt samt Salon, Musikzimmer, Bibliothek und prächtigem Speisesaal, einem Küchentrakt und setzte dazwischen einen kleinen Turm – das einzige Detail, das man heute von außerhalb des Schlossparks sehen kann. Ausgestattet war das Gebäude mit damals modernster Technik. So hatte es nicht nur ein Schwimmbad im Keller sowie einen elektrischen Personenaufzug, sondern auch eine Zentralheizung, deren Heizkörper hinter der Wandtäfelung versteckt waren.

Im Frühsommer Mückenschutz nicht vergessen! Durch die schattige Lage des schönen Sees mitten im Wald fühlen sich hier auch die Blutsauger sehr wohl.

DIE GEGEND UM DEN HAARSEE UND UM DIE BENACHBARTE MITTERLACHE HERUM LIEGT IN EINEM LANDSCHAFTSSCHUTZGEBIET. GEBADET WERDEN DARF DORT NUR AN DEN AUSGEWIESENEN STELLEN – NATURNAH UND MIT BLICK AUF SCHLOSS HIRSCHBERG.

ÜBER DER SCHLUCHT THRONT DAS HOCHSCHLOSS PÄHL. IM WINTER UNBEDINGT STEIGEISEN ODER GRÖDEL MITNEHMEN – AM WASSERFALL KANN ES GANZ SCHÖN GLATT WERDEN. ZUR PÄHLER SCHLUCHT GELANGT MAN AM EINFACHSTEN ÜBER DIE B 2 VON STARNBERG NACH WEILHEIM (BESCHILDERUNG: PÄHL).

WILDE WASSER, ABENTEUERLICHE ANSICHTEN UND EIN WASSERHAUS

Pähler Schlucht

55

Eine ernstgemeinte Warnung sei gleich zu Beginn ausgesprochen: Gelegenheitswanderer, die nicht besonders trittfest sind oder keine Lust haben, schmutzig oder sogar nass zu werden, sollten sich die Pähler Schlucht sparen.

Das kleine Naturschutzgebiet direkt an der Bundesstraße 2 zwischen Weilheim und Starnberg lässt sich auf verschiedene Arten erforschen. Einmal über einen Rundweg vom schönen Dorf Pähl aus. Er führt, immer den Schildern nach, von Nordwesten in die Schlucht. Hinaus geht's in Richtung Hirschbergalm und zurück ins Dorf – von wo aus sich der Weg auch wunderbar »gegen den Strich« gehen lässt. Zunächst schlängelt er sich sachte in die etwa 100 Meter breite und einen Kilometer lange Schlucht zum Burgleitenbach hinab. Immer wieder gibt das Blätterdach Blicke auf das Hochschloss Pähl frei, das stolz über der Klamm thront. Ein verlassenes Wasserhaus, in dem in vergangenen Zeiten mittels einer Turbine Strom für das Schloss erzeugt wurde, wartet am Grund des Tals. Am Bachufer entlang geht's immer tiefer hinein in die Schlucht. Irgendwann fällt die Wand steil ab. Ab hier sind aber je nach Jahreszeit Bergschuhe oder sogar Gummistiefel sinnvoll. Der Sprung über den Bach (für Sportliche), ein geschickt über den Bach geworfener Ast (für Balance-Künstler) oder ein paar Schritte durchs Wasser (für Raubeinige) ist eine spaßige Übung.

Vorbei an sagenhaften Höhlen und abenteuerlich aus der Steilwand ragenden Bäumen geht die Reise – bis das immer enger werdende Tal eine letzte Kurve macht und den Blick freigibt auf das Ziel: einen sagenhaften Wasserfall. Spätestens jetzt muss jeder Schritt sitzen, Unaufmerksamkeiten können richtig gefährlich sein. Vor allem im Winter sind hier Steigeisen Pflicht.

Aufpassen auf die Lieblingsplätze! Die Pähler Schlucht ist nun leider auch Mahnmal: Holzarbeiten an der Naturfrevel-Grenze haben tiefe Spuren hinterlassen.

FREILICHTMUSEUM GLENTLEITEN /// AN DER GLENTLEITEN 4 ///
82439 GROSSWEIL /// 0 88 51 / 18 50 /// WWW.GLENTLEITEN.DE ///

ZEITREISE INS SÜDBAYERN VOR ÜBER 100 JAHREN

Freilichtmuseum Glentleiten bei Großweil

56

Zugegeben: Manchmal hält der altbairische Dialekt bildhafte, aber wenig schmeichelhafte Schmähungen bereit. Wer zum Beispiel »Krautstampfer« hat, verfügt für gewöhnlich über wenig grazile Beine. Wie unverschämt diese Bezeichnung wirklich ist, kann einem im Freilichtmuseum Glentleiten aufgehen. Es ist Samstag, genauer gesagt »Samstag im Mirzn«, und bei diesem Mitmach-Angebot können Familien mit Kindern erleben, wie das Leben in Oberbayern vor gut 100 Jahren ausgesehen hat. Und damals war die Handhabung eines hölzernen Krautstampfers unabdingbar, zumindest, wenn man aus ballaststoff- und vitaminreichem Weißkohl haltbares Sauerkraut machen wollte.

Mit Wonne lässt das Mädchen den klobigen Holzstampfer fallen, hebt ihn vorsichtig wieder an – und freut sich königlich über das schmatzende Geräusch, das er dabei macht. Die Kinder stehen im wiederaufgebauten »Kleinanwesen aus Grünwald« und hobeln, schneiden und schichten Weißkohl. Dabei erfahren sie spielerisch, wie sich das Leben ihrer Urgroßeltern angefühlt hat. Wenn ihnen die Küchenarbeit zu fad wird, gehen sie einfach auf Entdeckungsreise durch das Haus. Die Schlafkammer des Großvaters zum Beispiel birgt eine Überraschung: In der Matratze befindet sich tatsächlich Stroh.

Und nicht nur dort gibt es viel zu entdecken: Auf dem 38 Hektar großen Gelände finden sich über 60 Gebäude aus Oberbayern, die an ihrem ursprünglichen Standort abgebaut und hier originalgetreu wiederaufgebaut wurden. Mittlerweile stehen dort ehemalige Handwerksbetriebe wie Mühlen, eine Hammerschmiede, eine Seiler-Werkstatt und eine Töpferei – aber auch Bauernhöfe, Almgebäude, Wohnhäuser und zwei Kapellen. Wer Glück hat und ein paar Momente allein zwischen üppig blühenden Bauerngärten und grasenden Ziegen auf der Weide verbringen darf, wähnt sich mit wenig Fantasie tatsächlich in einer längst vergangenen Zeit.

Im *Starkerer Stadel* gibt's bayerische Schmankerl, im Kramerladen können große und kleine Schleckermäuler unter anderem selbstgemachte Kuchen genießen.

EINE WANDERUNG AUF DEN RÖTELSTEIN SOLLTE MAN MIT ALLEN SINNEN UNTERNEHMEN: DIE WÜRZIGE WALDLUFT TIEF EINATMEN UND ZEIT FÜR DIE BERGSONNE AM GIPFEL SOWIE DIE ABSTECHER ENTLANG DES WEGS MITBRINGEN.

BERGGASTHOF KREUT-ALM /// KREUT 1 ///
82439 KREUT BEI GROSSWEIL /// 0 88 41 / 58 22 ///
WWW.KREUTALM.DE ///

STARKERER STADEL /// AN DER GLENTLEITEN 4 /// 82439 GROSSWEIL ///
0 88 51 / 76 86 /// WWW.STARKERER-STADEL.DE ///

»BROTZEITBERG« MIT TOLLEN AUSBLICKEN

Rötelstein bei Ohlstadt

57

Er liegt im Grenzland des Pfaffenwinkels und ist das, was man gemeinhin einen Geheimtipp nennt. Der Rötelstein bei Ohlstadt ist mit seinen 1.400 Metern gerade mal als »Brotzeitberg« zu klassifizieren und daher den meisten »ernsthaften« Bergsteigern zu langweilig. Sie rennen an ihm vorbei und steigen lieber auf seine weit bekannteren und höheren Nachbarn, den Heimgarten und den Herzogstand.

Naturliebhabern aber, denen es weniger um sportliche Höchstleistungen geht als um einen schönen Tag an der frischen Luft inmitten der sagenhaften Kulisse des oberbayerischen Voralpenlandes, ist er ein echter Lieblingsplatz: etwas für Freunde kurzer, aber lohnender Bergwanderungen. Mit ein bisschen Glück lässt sich die Gipfelbrotzeit auch allein in der Sonne genießen. Für die gut eineinhalb Stunden Aufstieg bedarf es zunächst keiner besonderen alpinistischen Fähigkeiten – ruhig wandert man vom Parkplatz der Kreut-Alm nahe des Freilichtmuseums Glentleiten bei Großweil aus bis zum Gipfel. Der Weg führt zunächst auf einer Forststraße gemächlich bergan, erst später wird's durch einen Hohlweg richtig steil. Entlang eines bewaldeten Bergrückens gibt der wohlriechende Bergwald gelegentlich den Blick frei auf die ziemlich imposanten Nordflanken der benachbarten Berge. Von dem Moment an, an dem der Weg zu einem Steig wird, ist Konzentration angesagt. Trittsicher sollte man für die letzten Höhenmeter auf den ausgesetzten Gipfel des Rötelsteins schon sein.

Der Rötelstein, der seinen Namen aufgrund der Färbung seiner hellen Felsen bei Sonnenaufgang trägt, bietet dem Halbtags-Gipfelstürmer großartige Blicke. Nach Süden auf die Gipfel der Voralpen, nach Norden hin auf die Moore und Seen des Pfaffenwinkels. Abschließen lässt sich die Tour wunderbar mit einem Besuch des Freilichtmuseums – und seiner Gaststätte *Starkerer Stadel.*

Die beste Zeit für den Rötelstein ist aufgrund seines farbenfrohen Bergwaldes eigentlich der Herbst – in schneearmen Wintern aber auch das junge Frühjahr.

BIS HEUTE ÄSEN IM SCHLOSSPARK DIE WEISSEN DAMHIRSCHE VON WILHELMINA BUSCH-WOODS.

SCHLOSS HÖHENRIED /// SCHLOSS DER KLINIK HÖHENRIED /// 82347 BERNRIED ///

DAS SCHLOSS, DIE BIERPRINZESSIN UND WEISSE HIRSCHE

Schloss und Schlosspark Höhenried 58

Die Geschichte des Höhenrieder Schlosses und seines Parks ist eng an die turbulente Lebensgeschichte von Wilhelmina Busch aus Saint Louis geknüpft. Die 1952 verstorbene Amerikanerin wird von älteren Bernriedern immer noch »gnädige Frau« oder »Bierprinzessin« genannt.

Obgleich bekannt für Exzentrik, hat sie ihre Dienstboten immer fair behandelt; das erzählt man sich noch heute am Ort. Entsprechend wurde ihr das Luxusleben gegönnt, das die mehrfache Millionärin am Starnberger See führte. Zum ausschweifenden Lebensstil der 1884 geborenen Tochter eines der reichsten Geschäftsmänner seiner Zeit gehörte natürlich ein Schloss. Das königliche Leben ermöglichte Wilhelmina Busch geerbtes Geld: Ihr Vater Adolphus Busch war Mitbegründer der Brauer-Dynastie *Anheuser-Busch* und damit einer der reichsten Amerikaner seiner Tage. Ihre Schönheit und nicht zuletzt Vaters Vermögen bescherten der lebenslustigen Minnie jede Menge Verehrer. Sie entschied sich für den schwäbischen Unternehmer Eduard Scharrer. Minnie folgte ihrem Ehemann nach Deutschland, wo das Ehepaar das damalige Hofgut Bernried, Gut Adelsried und später Gut Höhenried erwarb. Doch das Glück hatte Grenzen: Als Minnie von einer Geliebten ihres Ehemanns erfuhr, reichte sie die Scheidung ein. Noch bevor diese wirksam wurde, verstarb Scharrer unerwartet. Kurz vor Ausbruch des Zweiten Weltkriegs wurde ihr einst gemeinsames Projekt, ein herrschaftliches Schloss mit 60 Zimmern fertiggestellt.

Als die USA in den Krieg eintraten, flüchtete Wilhelmina Busch in die Schweiz. Dort war es ihr vergönnt, den richtigen Mann fürs Leben zu finden. Nach Kriegsende kehrte sie an der Seite des amerikanischen Generalkonsuls Samuel Woods an den Starnberger See zurück. Die beiden erlebten dort luxuriöse Tage und beschäftigten bisweilen bis zu 100 Angestellte. Ihr Rudel weißer Damhirsche weidet bis heute im Schlosspark.

Anfahrt von München über die A95 Richtung Garmisch-Partenkirchen bis Starnberg, dann der Uferstraße folgen. Parkplätze am Schloss Höhenried.

BUCHHEIM MUSEUM DER PHANTASIE /// AM HIRSCHGARTEN 1 ///
82347 BERNRIED /// 0 81 58 / 9 97 00 /// WWW.BUCHHEIMMUSEUM.DE ///

EXPRESSIONISMUS, ARCHITEKTUR – UND NATUR

Bernried – Buchheim Museum der Phantasie

59

Der Maler, Fotograf, Verleger, Autor, Filmemacher, Sammler und Museumsgründer Lothar-Günther Buchheim war ein Unikum. Ihn nur in einem Licht zu beleuchten, ist unmöglich. Logisch, dass auch sein *Museum der Phantasie* unter mehreren Gesichtspunkten betrachtet werden muss.

Als erstes fällt dem Besucher, der sich über die schönen Parkanlagen der Klinik Höhenried dem Museumsgebäude nähert, natürlich die moderne Architektur des Bauwerks ins Auge. Geschaffen wurde es von demselben Architekten, der in den 60ern gemeinsam mit Frei Otto Münchens weltbekanntes Olympiastadion entwarf: Günter Behnisch. Direkt am Ufer spannte Behnisch über Buchheims Sammlungen jedoch kein Zeltdach, sondern wusste sie besser an Bord eines Schiffes aufgehoben. Wie eine übergroße Jacht, die gleich vom Stapel gelassen wird, steht das moderne Museum am Ufer des Starnberger Sees. Sein Bugspriet ist langer Aussichtssteg, der den Besucher geradewegs über den See hinausführt. Irgendwie passend, möchte man meinen. Nicht nur, weil Buchheim als ehemaliger Kriegsberichterstatter seine Erlebnisse im Zweiten Weltkrieg an Bord der *U96* in seinem bekanntesten Werk *Das Boot* niederschrieb, sondern auch, weil ein Besuch im Museum weit hinausführt – ebenso weit wie der Steg auf den See hinaus. Einmal in die Welt der Kunst: Der leidenschaftliche »Zusammenträger und Wiederausbreiter« von Kunstwerken aller Art konzentrierte sich nicht nur auf seine international bekannte Expressionistensammlung, zu der unter anderem wesentliche Werke von Erich Heckel, Emil Nolde, Ernst Ludwig Kirchner oder Max Beckmann gehören, sondern auch auf die Volkskunst.

Inspiriert von der schier unerschöpflichen Schaffenskraft, die allen Menschen innewohnt, trug er auf seinen Reisen um die Welt auch völkerkundliche Stücke, Textilien, Schmuck und allerlei Kurioses zusammen.

Das Buchheim Museum bietet auch Workshops für Kinder an. Eine Museumspädagogin führt die Kleinen spielerisch an verschiedene Arten von Kunst heran.

DIETER UEBLER IST DIE GUTE SEELE DES VILLAGE. EHRENSACHE, DASS ER JEDEN DONNERSTAG DIE JAM-SESSION ERÖFFNET – NATÜRLICH STANDESGEMÄSS MIT BLUES.

VILLAGE IM KULTURTAL OBERMÜHLE /// OBERMÜHLE 1 /// 82392 HABACH /// 0 88 47 / 7 25 /// WWW.VILLAGE-HABACH.DE ///

BLUES-WOHNZIMMER MIT RAUM FÜR LEGENDEN

Habach – Village

60

Egal ob im Sommer oder im Winter: Es wird immer ein paar Grad kühler, wenn man die engen Serpentinen ins Kulturtal Obermühle hinunterfährt. Für den Temperaturunterschied sorgt der kleine Mühlbach, der eiskalt durch das Tal unweit von Habach fließt. In früheren Zeiten versorgte er das Rad der Obermühle mit Wasser.

Am jungen Abend dampft der Bach und lässt kleine Nebelschwaden aus dem satten Grün aufsteigen. Drinnen, im Gastraum des Blues-Clubs *Village*, der heute in der Obermühle daheim ist, dampft es ebenfalls. Allerdings ist der Dunst anderer Natur: Auf der Bühne steht eine bunt zusammengewürfelte Bluesrock-Combo und interpretiert Jimi Hendrix' *Fire*. Ihre energiegeladene Version des Rock-Klassikers füllt die Fläche vor der Bühne. Die Gäste tanzen ausgelassen und recken beim Refrain ihre Fäuste in die Höhe. Dabei stehen auf der Bühne gar keine Profis – sondern ein Trio, dem man optisch getrost auch die Leitung eines Kreditinstituts zutrauen würde. Verstärkt wird es von einem Alt-Achtundsechziger am Bass. Möglich macht diese musikalische Völkerverständigung die Jam-Session im *Village*.

Dieser donnerstägliche Klassiker ist eine Institution, die den Bluesclub seit seinen Anfangstagen in Obereglfing begleitet. Dort begründete Dieter Uebler vor über einem Vierteljahrhundert den kleinen Musik-Club, der bald zu großem Ruhm gelangen sollte. Das hochwertige Programm, die familiäre Atmosphäre, das musikalisch versierte Publikum und nicht zuletzt Dieter Ueblers umfangreiches Können als Gitarrenbauer lockten neben lokalen Künstlern über die Jahre das Who-is-Who des Bluesrock, Rock und Jazz ins Village: Deep Purple, Wishbone Ash, The Animals, Ten Years After, Iron Butterfly, Stones-Bassist Darryl Jones, Richie Kotzen, Dan Baird, Van Wilks, Karl Ratzer, Nick Woodland, Frank Diez, Tom Principato …

Konzerte sind im *Village* jeweils freitags und samstags; am Donnerstag findet die traditionelle Session statt. Aktuelles Programm auf www.village-habach.de.

NICHT WEISS UND BLAU BEMALT IST DER ANTDORFER MAIBAUM. UM DER BAYERISCHEN TRADITION DES »MAIBAUM-VERZIEHENS« ZU ENTGEHEN, WIRD DER ANTDORFER MAIBAUM ERST WENIGE STUNDEN VOR DEM AUFSTELLEN GESCHLAGEN.

EINMALIG IN BAYERN: DAS ETWAS ANDERE SPEED-DATING

61

Antdorf – Mailauf

Einer der wenigen bayerischen Bräuche, auf den sich irgendwie alle Generationen vorbehaltlos verständigen können, ist der des Maibaumaufstellens. Kein Wunder: Wenn in einer Gemeinde alle paar Jahre ein neuer Maibaum errichtet wird, mündet das in eine Art Volksfest. Ob traditionsbewusst oder nicht, ob im Trachtenverein, in der Blaskapelle oder im Sportverein aktiv – alle sitzen zusammen an Biertischen und feiern gemeinsam eine der ältesten bayerischen Frühlingstraditionen. Dieser ländliche Volksbrauch hat sogar in den bayerischen Städten überlebt – und auf den Dörfern sowieso.

Denn für die jungen Burschen und Männer im Dorf gewinnt der Tag der Arbeit schon in aller Früh eine sehr, sehr wörtliche Bedeutung. Bereits am Morgen treffen sie sich, um den Baum mit Seilen zu Stützen zusammengebundenen Pfählen, sogenannten Schwalben, Meter für Meter aufzurichten. Schließlich soll der mit Bändern, einem Kranz, manchmal Zunfttafeln oder weißblauen Rauten geschmückte Baum bis zum Zwölfuhrläuten stehen. Das ist in Antdorf nicht anders – alle drei Jahre wird in der Regel ein neuer Maibaum gegenüber der Kirche aufgestellt. Allerdings wird dort gleich zweimal gefeiert. Selbstverständlich am 1. Mai – und dann gleich noch mal am ersten Sonntag danach.

In der schönen Gemeinde auf halbem Weg zwischen den Osterseen und dem Kochelsee findet dann nämlich der Antdorfer Mailauf statt – eine ziemlich einmalige Angelegenheit und neben dem Raistinger Betteltanz definitiv eins der sehenswertesten Spektakel, das die Tradition im Bezug auf die, sagen wir, »Förderung zu schließender Eheverbindungen« hervorgebracht hat. Auf gut Bayerisch: Zum »Obandln« (Anbandeln) haben sich die Antdorfer ein richtig nettes Gauditurnier einfallen lassen, bei dem es nicht um sportliche Höchstleistungen, sondern ums Kennenlernen geht.

Seit 1792 gibt es den Mailauf schon und seit dieser Zeit bietet sich am ersten Maisonntag folgendes Bild: Auf der einen Seite einer Wiese sitzen gleich gekleidete Burschen auf einer Bierbank – mit dem

Rücken zum Rest der Wiese. Sie tragen selbstverständlich eine Lederhose, dazu ein weißes Hemd und möglichst den Hut im Genick. Platz nehmen dürfen nur kinderlose Junggesellen ab 18 Jahre, die im jeweiligen Jahr beim Maibaumaufstellen geholfen haben. Seit dem späten Vormittag sind »Zammtreiber« von Haus zu Haus gegangen und haben unverheiratete junge Frauen über 17 Jahre eingesammelt. Es ist ein fröhlicher Zug aus den Teilnehmerinnen, Musikanten und »Goaßlschnalzern«, der schließlich gegen 15 Uhr auf die Festwiese zieht. Dabei lenken die »Zammtreiber« die neugierigen Damen nach Kräften ab, damit sie nicht zu sehr die Hälse in Richtung der Bierbank recken.

Gut hundert Meter trennen die fußläufig fitte Damenriege von den Buckel zeigenden Mannsbildern und ein paar Zuschauer argwöhnen, ob der etwas schief sitzende Hut von Junggeselle Nummer vier von links eine Nachlässigkeit oder gar ein geheimes Symbol ist? Ziemlich ungeheim ertönt eine Trompete und die gut 30 jungen Mädchen sprinten los. Die Schürzen ihrer Dirndl halten sie im Laufschritt so gekonnt aus dem Weg, dass sich der Verdacht aufdrängt, ein paar von ihnen könnten heimlich trainiert haben. Mit Karacho umarmen sie den Junggesellen ihrer Wahl – klar, dass das durchtrainierteste Kreuz und die breitesten Schultern am häufigsten anvisiert werden. Ein paar ungestüme Damen rennen ihren Auserwählten förmlich von der Bank. Der »Maibursch« hat nun das Vergnügen, sie bis zum Abend zechfrei zu halten. Gefeiert, getanzt und näher kennengelernt wird in geschlossener Gesellschaft. In Bayern läuft eben so manches anders, auch das Speeddating.

☞ Als Veranstaltungsort des Antdorfer Mailaufs fungiert die Festwiese beim Gasthof Petermichl, alle drei Jahre findet er statt. Der nächste Termin: 2015.

SEIT DEM 16. JAHRHUNDERT GIBT ES MAIBÄUME IM SINNE DER ORTSMAIBÄUME MIT BIS ZU 40 METERN HÖHE IN BAYERN. VON ORT ZU ORT UNTERSCHEIDEN SICH SOWOHL DIE BRÄUCHE RINGS UM DEN MAIBAUM, ALS AUCH IHR ERSCHEINUNGSBILD. MANCHE, WIE DER JENHAUSENER MAIBAUM, SIND MIT EINER WEISS-BLAUEN SPIRALE BERINGT UND EINER FAHNE GESCHMÜCKT. MANCH ANDERER BAUM STEHT RECHT »NACKERT« MIT ENTFERNTER RINDE DA UND TRÄGT WEIT OBEN NOCH DIE BAUMKRONE. MANCHE TRAGEN ZUNFTTAFELN, ANDERE EINEN KRANZ AUS FRISCHEN ZWEIGEN.

DIE OSTERSEEN SIND IN ERSTER LINIE EIN NATURSCHUTZGEBIET; AN AUSGEWIESENEN STELLEN IST DAS BADEN ABER ERLAUBT. ZUM BEISPIEL HIER, UNWEIT DER BLAUEN GUMPE. DER GROSSE OSTERSEE IST ÜBER DEN RUNDWEG VON DER IFFELDORFER ORTSMITTE HER ZU FUSS IN ETWA EINER HALBEN STUNDE ZU ERREICHEN.

BADEFREUDEN
MITTEN IM NATURSCHUTZGEBIET

Osterseen bei Iffeldorf

9/11

Plötzlich weht der frische Duft von Wasser in die süßlich-herbe Waldluft eines warmen Sommertags. Der kleine Pfad, der von Iffeldorf aus in Richtung des Großen Ostersees führt und später in den Ostersee-Rundweg mündet, hat sich gerade noch durch einen Schilfgürtel geschlängelt, nun erheben uralte Eichen ihre dichten Kronen in den Sommerhimmel. Und auf einmal riecht's nach See – mitten im Wald. Man glaubt seinen Augen jedes Mal aufs Neue nicht zu trauen, wenn zwischen den hohen Kiefernstämmen am östlichen Seeufer das blau bis türkisgrün schimmernde Wasser des Großen Ostersees herausblitzt.

Karibische Farbspiele und ein grundwassergespeister See, der tatsächlich nach Mineralwasser riecht und auch schmeckt. Eigenschaften, die die Osterseen in den 70ern zu so etwas wie den Superstars der Badeseen im Pfaffenwinkel machten. Bis zu 10.000 Besucher drängten an die vielen idyllischen Seen – und zerstörten durch schiere Masse die wertvolle Natur. Denn ökologisch ist das Osterseengebiet eine hochinteressante und hochkomplexe Angelegenheit; nicht umsonst betreibt die Technische Universität München in Iffeldorf seit den späten 80ern eine Limnologische Forschungsstation. Seit 1981 sind die Osterseen als Naturschutzgebiet ausgewiesen, was die Besucherströme deutlich eindämmte. Die Bestände von seltenen Moorblumen, Enzianen und Orchideen erholten sich – und mit ihnen kehrten auch die Eisvögel, Rohrdommeln und Uferschwalben zurück.

Dennoch ist an den Osterseen naturnahes Baden an ausgewiesenen Badeplätzen erlaubt – und empfehlenswert. Am Ostufer des Großen Ostersees und am Breitenauer See befinden sich Liegewiesen; ebenso am Fohnsee. Passend zum naturnahen Badeplatz wird es dort bisweilen sehr »natürlich«. Jedoch gehen FKK- und Textil-Fans recht harmonisch miteinander um.

Eine wasserfeste Unterlage sollte zum Handtuch auch an warmen Tagen mit ins Gepäck: Die Liegewiesen um die Osterseen herum sind oft sehr feucht.

HEUWINKLKAPELLE /// HEUWINKLSTRASSE 54 ///
82393 IFFELDORF /// 0 88 56 / 26 29 /// WWW.STVITUS.DE ///

NACH DEM 300. GEBURTSTAG EINE ROTGLÄNZENDE KUPPEL

Iffeldorf – Heuwinklkapelle

62

Es mag dem Zusammenspiel der vielen unterschiedlichen Farben und Formen geschuldet sein. Die Heuwinklkapelle in Iffeldorf wirkt irgendwie entrückt, wie nicht von dieser Welt. Der Anblick ihres rotglänzenden Kuppeldachs, das sich über grasgrünen Wiesen auf einer Anhöhe zwischen mächtigen Kastanien in den strahlend blauen Himmel erhebt, verliert seinen Effekt auch nach vielen Besuchen nicht.

Man muss auch kein ausgewiesener Sachverständiger für Sakralbauten sein, um dem Reiz dieses kleinen Rokoko-Kirchleins auf Anhieb zu erliegen. Gerade hat es ein neues Dach aus rotem Aluminium bekommen. Die Kirche trägt eine charakteristische Zwiebelkuppel, die mit einer kleinen, ebenfalls von einer »welschen Haube« bedeckten Laterne gekrönt ist. Darunter finden sich exzellente Beispiele der Kunst der Wessobrunner Meister. Sie gaben der 1701 eingeweihten und vom Wessobrunner Klosterbaumeister Johann Schmuzer erbauten Kapelle ihre wertvolle Innenausstattung nach den Idealen des Spätrokoko. Die verspielte Silhouette, die durchaus an die Gotteshäuser der Ostkirche und an die Kuppeln byzantinischer Basiliken erinnert, fügt sich wunderbar in die liebliche Landschaft des Pfaffenwinkels. Kein Wunder, dass die Wallfahrtskirche *Zu unserer Lieben Frau* in Iffeldorf ein von den Bürgern geschätztes und liebevoll gepflegtes Wahrzeichen Iffeldorfs ist. Auch für das Brauchtum im bäuerlich geprägten Umland spielt die Heuwinklkapelle eine große Rolle: Seit 2012 finden nach 100-jähriger Pause wieder Leonhardi-Ritte dorthin statt. Unterm Jahr wird sie außer für Gottesdienste als stimmige Kulisse für Volksmusik- und Klassikkonzerte genutzt.

Es lohnt immer wieder, sich für dieses ganz besondere Kirchlein Zeit zu nehmen, dem ausnahmsweise das reichlich abgegriffene Prädikat »Kleinod« verliehen werden darf.

Die Kapelle kann täglich von 8 bis 18 Uhr besichtigt werden. Mittwochs und freitags findet um 18 Uhr ein katholischer Gottesdienst statt.

DER LANGE STEG UND DIE PLATTFORM ERMÖGLICHEN EINEN EINMALIGEN BLICK AUF DEN NAHEN JACHTCLUB UND BIETEN EINEN TOLLEN PLATZ ZUM SONNENBADEN.

BADESTRAND UND SEERESTAURANT /// ST.-HEINRICHER-STRASSE 113 /// 82402 SEESHAUPT /// 0 88 01 / 5 33 /// WWW.SEERESTAURANT-LIDO.DE ///

STRANDBAD SEESHAUPT /// SEEPROMENADE 10 /// 82402 SEESHAUPT /// 0 88 01 / 26 89 /// WWW.BIERGARTEN-LIDL.DE ///

DER KLEINE URLAUB NACH FEIERABEND

Seeshaupt – Starnberger See

10/11

Grillen, Baden, Freunde treffen – dieser Dreiklang passt perfekt zu einem freien Sommertag. Aus guten Gründen ist an den meisten öffentlichen Badeplätzen offenes Feuer aber verboten und da, wo sie erlaubt sind, ist es mit dem Baden wieder so eine Sache. Am Starnberger See gibt es einen Badestrand, an dem die schönen Seiten des Sommers nicht nur erlaubt, sondern sogar noch ohne viel Eigeninitiative möglich sind.

Das »Lido« liegt gleich in mehrfacher Hinsicht günstig. Zum einen verfügt das gleichnamige Restaurant an der Liegewiese über eine Seeterrasse, auf der unter anderem feine Fisch- und Grillgerichte serviert werden. Zum anderen gibt es nebenan einen gemütlichen Biergarten. Am Ausschank wird echtes Münchner Bier gezapft, dazu bereiten die Köche die Münchner Weißwürst' frisch zu. Vor allem aber grillen sie die vermutlich besten Spareribs diesseits des Rio Grande – die nur noch besser schmecken, wenn man sich beim Schwimmen im Starnberger See vorher ordentlich Appetit geholt hat. Gerade für Kinder ist das flach abfallende Ufer ideal, Erwachsene wählen besser den Weg über den Steg ins frische, grünblaue Wasser. Das Besondere an diesem speziellen Seeshaupter Dreiklang aus Essen, Geselligkeit und einem erfrischenden Bad: Man braucht nicht selbst die Kohle anfeuern, das zeitraubende Vorbereiten der Salate entfällt genauso wie das Problem, wie das Bier am geschicktesten gekühlt werden könnte – was gerade an langen Sommertagen von Vorteil ist. So kann ein Arbeitstag ganz erholsam in schönem Ambiente enden.

Für lange Wochenenden, das am Rande, gibt's in der nahen Umgebung, etwa am Campingplatz oder im nahen St. Heinrich, schöne Badestrände und auch am Dampfersteg locken eine schöne Liegewiese mit angrenzendem Biergarten, der Seeterrasse *Lidl*. So ist die einzige Qual, die man im Sommer in Seeshaupt hat, die der Wahl.

Von Seeshaupt aus sind Rundfahrten mit einem der sechs Schiffe der Bayerischen Seenschifffahrt möglich. Infos: www.seenschifffahrt.de

IM VORGANGER DIESER GARTENLAUBE WURDE DER BLAUE REITER GEGRÜNDET. 2009 WURDE DIESE REPLIK ANLÄSSLICH DER ERÖFFNUNG DES MALERWEGS VOLLSTÄNDIG RESTAURIERT CIRCA 200 METER VON IHREM ORIGINALPLATZ AUF GEMEINDEGRUND AUFGESTELLT.

AUF DEN SPUREN DES BLAUEN REITER

Sindelsdorf – Malerweg

63

Die Künstlervereinigung *Der Blaue Reiter* war zu ihrer Zeit galoppierende Avantgarde. Wer sich zu Beginn des 20. Jahrhunderts ein blaues Pferd zu malen traute, kam damit nicht unbedingt den Ästhetik-Idealen des Bürgertums nach. Entsprechend wenige Freunde machten sich die Expressionisten mit der Idee, eigene Gefühle und Empfindungen in ein Motiv einfließen zu lassen und etwa eine blaue Pferdeherde vor flammend roten Hügeln darzustellen.

Gegründet wurde die legendäre Künstlervereinigung vor über hundert Jahren in einer Gartenlaube im oberbayerischen Sindelsdorf. Die Namensfindung beschreibt Mitgründer Wassily Kandinsky so: »Den Namen *Der Blaue Reiter* erfanden wir am Kaffeetisch in der Gartenlaube in Sindelsdorf. Beide liebten wir Blau, Marc – Pferde, ich – Reiter. So kam der Name von selbst.« Der Malerweg führt zu Häusern, in denen die Künstler daheim waren und zu Plätzen, wo sie ihre Werke malten. Anders ausgedrückt: Plätze, an denen das Schaffen von Franz Marc, Wassily Kandinsky, Heinrich Campendonk, Jean-Bloé Niestlé und Bernhard Stange die Welt der darstellenden Kunst veränderte.

Jene legendäre Gartenlaube ist eine von zwölf Stationen auf dem gut zwei Kilometer langen Weg. Vollständig restauriert, befindet sie sich nun auf Gemeindegrund. Ursprünglich war sie ein paar hundert Meter entfernt im Garten des Schreinermeisters Josef Niggl gestanden, bei dem Franz und Maria Marc von 1909 bis 1914 wohnten. Marc erlebte in Sindelsdorf seine produktivsten Jahre. Dort schuf er unter anderem das verschollene *Der Turm der Blauen Pferde*, *Hocken im Schnee*, *Rote Rehe* oder *Die verzauberte Mühle*. Die größte Faszination, und das wird vor allem an den Aussichtspunkten zu den Motiven der bekannten Bilder klar, ist und bleibt die fruchtbare Natur, die aus Künstlern damals wie heute wahre Kunst zutage fördern vermag.

Ausgangspunkt ist der Kulturpavillon an der Kirche. Sindelsdorf lässt sich über die A95 von München nach Garmisch erreichen (Ausfahrt 9: Sindelsdorf).

ÜBER SEIN WIRKEN VOR ORT HAT DER PENZBERGER IMAM BENJAMIN IDRIZ EIN BUCH GESCHRIEBEN: »GRÜSS GOTT, HERR IMAM!« ES IST BEI POLITIKERN, EVANGELISCHEN WIE KATHOLISCHEN CHRISTEN EIN GESCHÄTZTER RATGEBER FÜR DEN KONFESSIONSÜBERGREIFENDEN ALLTAG GEWORDEN.

ISLAMISCHES FORUM PENZBERG /// BICHLER STRASSE 15 /// 82377 PENZBERG /// 0 88 56 / 81 31 04 (TOURIST INFO) /// WWW.PENZBERG.DE ///

EIN KERN DER ARBEITERSTADT

Penzberg – Islamisches Forum und Stadtmitte

64

Alles Wissen über Kirchengeschichte hilft bei der Betrachtung eines so markanten wie modernen Gebäudes an der Fraunhofer Straße in Penzberg wenig. Der rechteckige Bau, von dessen Eck weg ein schmaler, eiserner Turm aufragt, ist klipp und klar als Sakralbau zu erkennen. Mit einer modernen Kirche hat er zwar Ähnlichkeit, aber die nachts goldgelb von innen beleuchteten, in den Turm gefrästen arabischen Schriftzeichen geben dem Betrachter einen Hinweis: Es handelt sich zweifelsfrei um eine Moschee. Aber kann das sein? Eine Moschee im Pfaffenwinkel?

Es kann sein. Im Übrigen handelt es sich nicht um irgendeine, sondern um die modernste Moschee Europas. Wie kam das? Penzbergs Geschichte ist eng verbunden mit dem Pechkohleabbau. Schon lange vor deren Förderung im großen Stil wurde hier nach dem schwarzen Brennstoff geschürft, mit dem Bau der Eisenbahn nach München im Jahr 1865 betrieb man den Bergbau intensiv. Arbeitssuchende Bergleute aus vielen Teilen des Alpenraumes stellten ihre Fähigkeiten in den Dienst der *Oberbayerischen Gesellschaft für den Kohlebergbau*. Dass heute gut 16.000 Menschen aus derzeit 74 Nationen zusammengewachsen sind, spiegelt sich vor allem im harmonischen Miteinander der Penzberger wider. Man ist stolz auf seine Multikulti-Geschichte und feiert sogar ein jährliches *Fest der Kulturen*.

Entsprechend blieb der vielerorts übliche Aufschrei aus, als der junge Penzberger Imam Benjamin Idriz ankündigte, am südöstlichen Ortsrand von Penzberg ein Islamisches Forum errichten zu wollen. Mit der Planung beauftragte er den Sohn bosnischer Einwanderer Alen Jasarevic. Lediglich zu einem Drittel ist es Moschee, zu zwei Dritteln beherbergt es eine Bibliothek, ein Restaurant, Veranstaltungsräume und die Wohnung des Imams.

Das Islamische Forum Penzberg ist jedes Jahr am Tag der offenen Moschee (3.10.) geöffnet. Besichtigungen und Führungen können jederzeit telefonisch vereinbart werden.

SUCHBILD: CHEFIN CLAUDIA WENZL KÜMMERT SICH, HINTER DER POPCORNMASCHINE VERSTECKT, UM KÖSTLICHES POPCORN ZUM FILM.

KINOP. /// FRAUNHOFERSTRASSE 8 /// 82377 PENZBERG /// 0 88 56 / 8 02 08 82 /// WWW.KINOP.DE ///

WENIGER BERUF ALS BERUFGEWORDENE LEIDENSCHAFT

Penzberg – KinoP.

65

Eigentlich müssten die großen Elektromärkte im Pfaffenwinkel verzweifeln. Wer braucht schließlich ein Heimkino, wenn es doch eine hohe Programmkino-Dichte gibt? Neben dem Filmstudio Kochel, dem Lagerhaus-Kino in Schongau, dem Starlight in Weilheim und dem KinoP. in Penzberg gibt es in der Gegend vier Programmkinos, die Filme abseits des Mainstream zeigen.

»Wir haben es im Pfaffenwinkel mit einem sehr kultursinnigen Publikum zu tun«, erklärt Claudia Wenzl. Sie hat gemeinsam mit ihrem Mann Markus in Form des KinoP. einen echten Lieblingsplatz für Filmfreunde geschaffen. Um sich das Vertrauen ihrer Stammkunden immer wieder aufs Neue zu verdienen, treiben die Wenzls einen irren Aufwand. Natürlich stehen sie selbst an der Kasse, im Vorführraum und an der Popcorn-Maschine. Vor allem aber das monatliche Kinoprogramm ist absolute Chefsache und wird von langer Hand geplant – und nicht wie in »Multiplexen« wöchentlich disponiert. »Wir fahren zu Filmpremieren, Filmfestivals und Filmkunst-Messen – außerdem arbeiten wir uns durch eine Flut von DVDs«, verrät Claudia Wenzl, während sie frischen Mais in die Popcornmaschine füllt. Was in Penzberg auf die Leinwand projiziert wird, ist also im Regelfall von den beiden bereits gesehen und für gut befunden worden. Reich wird man angesichts eines solchen Aufwands natürlich nicht. »Aber wir beschweren uns nicht«, sagt Claudia Wenzl und man merkt: In die Kalkulation spielt auch die Freude hinein, die Kino-Leidenschaft zum Beruf gemacht zu haben. Der Bund und das Bundesland zeichnen die Wenzls dafür jährlich mit dotierten Kulturpreisen aus, die das Rechnen ebenfalls erleichtern.

Während der süße Duft von frischem Popcorn durchs Foyer zieht, offenbart sich noch ein Grund, wieso ein Heimkino niemals eines wie das KinoP. ersetzen kann: Echte Atmosphäre gibt's eben nur im Kino.

Ins Penzberger KinoP. kommen auch regelmäßig Regisseure, um ihre Filme vorzustellen. Mehr Infos dazu und zum aktuellen Programm unter www.kinop.de.

NORMALZUSTAND FÜR MINDESTENS 20 MINUTEN: DR. LORENZ KERSCHER, »VATER« DES PENZBERGER BARFUSSPFADS, TRÄGT AUCH IM ALLTAG KEINE SCHUHE. ENTLANG DES PFADS LÄSST SICH SEINE LEIDENSCHAFT GUT NACHFÜHLEN.

GUT HUB /// VORDERMEIR 2 /// 82377 PENZBERG /// 0 88 56 / 89 21 /// WWW.BARFUSSPARK.INFO/PARKS/PENZBERG.HTM ///

NICHTS GEGEN SCHUHE, ABER …

Penzberg – Barfußpfad bei Gut Hub

66

An sich hat Dr. Lorenz Kerscher nichts gegen Schuhe. Der pensionierte Doktor der Chemie ist allerdings passionierter Barfußläufer, für ihn ist ein schuheloses Leben normal. »Barfußgehen ist der biologische, von der Evolution vorgegebene Normalzustand«, sagt er. »Schuhe entlasten die Füße und somit baut sich die Muskulatur ab.« Regelmäßiges Barfußgehen könne dem entgegenwirken, zudem beflügele es den Geist.

Um möglichst vielen Menschen diese Erkenntnis zu vermitteln, initiierte Kerscher 1999 den Penzberger Barfußpfad, der mit Hilfe der lokalen Agenda 21, einem Budget von damals 2.000 Mark und viel ehrenamtlicher Arbeit verwirklicht wurde. Nun lässt sich auf knapp zwei Kilometern Länge inmitten von reizvoller Umgebung vor der beeindruckenden Kulisse der Voralpen barfuß spazieren. Der Pfad schlängelt sich zunächst am Waldrand entlang zu einer kleinen Kapelle, deren Zwiebeltürmchen frech in den Himmel ragt. Danach geht's abwärts durch den Wald bis hin zum Ufer eines kleinen Sees und wieder zurück zum Parkplatz bei Gut Hub. Damit die Fußsohlen ordentlich Reize sammeln können, gibt es 14 Stationen entlang des Wegs. Mal darf der Barfußwanderer über einen Baumstamm balancieren, mal über kalte Flusskiesel gehen und direkt danach den Unterschied zum warmen Waldboden wahrnehmen. Es geht bergauf, bergab und zum Schluss sogar durch ein Schlammfeld.

Während anfangs die Füße noch arg empfindlich reagieren, vibrieren sie nach dem Rundweg allenfalls angenehm und sind so gut durchblutet wie selten. Spätestens an der Fußdusche, die den Anfang und das Ende des Rundwegs markiert, reift der Gedanke, man könnte doch öfter mal die Füße unbesohlt lassen – nicht nur hier auf Gut Hub. Der Kaffee im Café Extra, direkt am Parkplatz, schmeckt jedenfalls auch barfuß wunderbar.

☞ Auch Bienengiftallergiker können den Barfußpfad bedenkenlos beschreiten. Er wird extra regelmäßig gemäht, sodass Kleeblüten keine Chance haben.

WER MIT DEM AUTO AN DEN EITZENBERGER WEIHER KOMMT, NIMMT AM BESTEN DIE AUTOBAHN A 95, MÜNCHEN RICHTUNG GARMISCH-PARTENKIRCHEN UND DIE ABFAHRT PENZBERG IN RICHTUNG IFFELDORF. VON DORT IST ES ZUR BESCHILDERTEN ZUFAHRT NICHT WEIT.

WEICHES MOORWASSER INMITTEN MALERISCHER NATUR

11/11

Eitzenberger Weiher bei Penzberg

Der Flieder am Waldrand duftet so stark, dass der Radler sich einer süßen Ohnmacht nahe wähnt. Es könnte natürlich auch an den hochsommerlichen Temperaturen liegen, mit der die Frühsommer-Sonne die Luft im Pfaffenwinkel erwärmt. Und doch gibt es bei so einem Wetter kaum eine schönere Strecke für eine kleine Radtour als diese schmale Straße durch die hügelige Gegend zwischen Penzberg und Beuerberg. Das etwa zwei Kilometer entfernte Ziel ist die Strampelei nämlich wert: der Eitzenberger Weiher.

An sich ist die Fahrt zum Naherholungsgebiet schon erholsam. Teilweise von Alleebäumen eingesäumt führt die Strecke über die Autobahn und dann an der Iffeldorfer Golfanlage vorbei über Wiesen und durch Waldbestände, hinauf auf einen Hügel. Von dort aus rückt links unterhalb das bräunliche Moorwasser des beliebten Weihers in den Blick. Für die Penzberger ist der »Eitzi« das, was für die Weilheimer der »Dietschi« oder für die Schongauer der Lechsee ist: ein Synonym für Sommer, Sonne, Sonnenschein. Die Wiesen am Hang sind auch zu Anfang der Saison gut besucht, aber das verwundert überhaupt nicht. Da das Gewässer wegen seines gesunden Mooranteils schnell angenehme Badetemperatur erreicht, ist es im Pfaffenwinkel auch eine der ersten Adressen in der noch jungen Badesaison. Wobei man eigentlich »die Eitzenberger Weiher« sagen müsste; insgesamt vier gibt es. Anders als seine drei Namensvettern ist jedoch nur der »Alte Weiher« zum Baden freigegeben. Bei Fischern ist er wegen seines vielfältigen Bestands beliebt – tagsüber gehört der »Eitzi« aber den Badegästen, die sich über einen tollen Badeplatz inmitten wunderschöner Natur freuen können.

Und wer sich nach einem Bad im weichen Moorwasser wieder frisch fühlt, kann seine Radtour durch den Euracher Filz fortsetzen – und zwei weitere Eitzenberger Weiher sowie jede Menge schöne Natur sehen.

☞ Für Kinder ist der Eitzenberger Weiher eher ungeeignet, da der Grund schnell abfällt. Der Eintritt ist kostenlos, fürs Parken wird eine Gebühr erhoben.

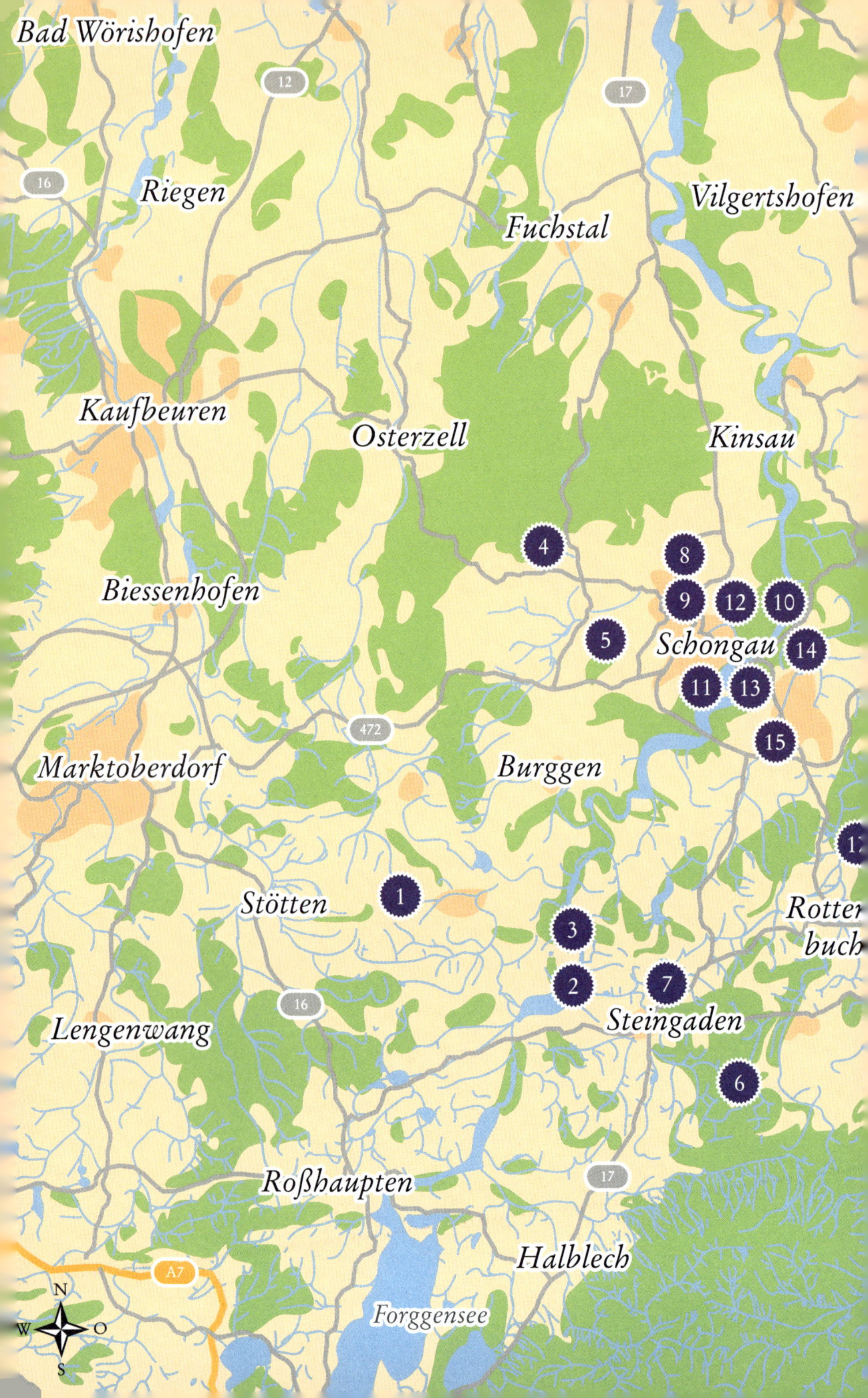
Bad Wörishofen
12
17
16
Riegen
Vilgertshofen
Fuchstal
Kaufbeuren
Osterzell
Kinsau
4
8
9
12
10
Biessenhofen
5
Schongau
14
11
13
472
15
Marktoberdorf
Burggen
1
Stötten
3
2
7
16
Steingaden
Lengenwang
6
17
Roßhaupten
Halblech
A7
N
W
O
S
Forggensee

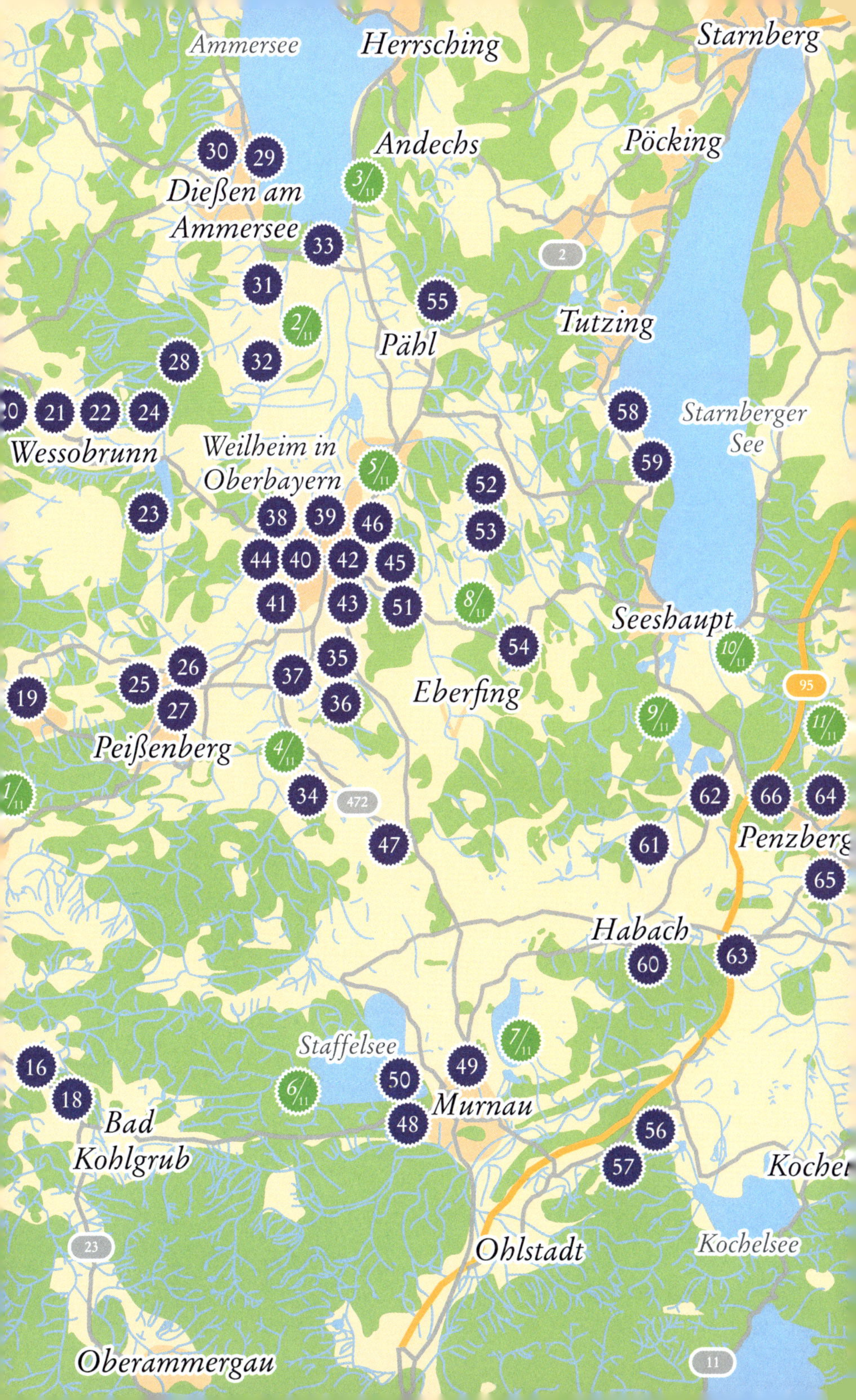
Ammersee
Herrsching
Starnberg
Andechs
Pöcking
Dießen am Ammersee
Tutzing
Pähl
Starnberger See
Wessobrunn
Weilheim in Oberbayern
Seeshaupt
Eberfing
Peißenberg
Habach
Staffelsee
Murnau
Bad Kohlgrub
Ohlstadt
Kochelsee
Oberammergau

REGISTER

Aidenried 89
Altenstadt 27, 29
Ammersee 87, 89
Ammertal 47
Ammerwald 51
Antdorf 167
Auerberg 13
Au (Weilheim) 107
Bad Bayersoien 45, 49
Badeweiher (Oberhausen) 93
Basilika Altenstadt (St. Michael) 29
Baumgeschichten-Radweg 63
Bergbaumuseum (Peißenberg) 69
Bernbeuren 13
Bernried 163
Betteltanz (Raisting) 81
Blaselweiher (Marnbach) 139
Blaue Reiter, der 133, 177
Blues auf Bayerisch 124
Böbing 51
Buchheim Museum der Phantasie (Bernried) 163
Café sonnendeck (Weilheim) 105
Dachsbräu (Weilheim) 109
Deutenhausen 141
Dießen 77, 79, 87
Dietlhofer See (Weilheim) 119, 121
Disc-Golfanlage (Weilheim) 112
Doktor-Faustus-Weg 99
Eibenwald, Naturschutzgebiet (Paterzell) 65
Eitzenberger Weiher 185
Erdfunkstelle (Raisting) 83
Fändrich, Williams 124, 125
Flugplatz (Paterzell) 67
Glentleiten bei Großweil 157
Gögerl (Weilheim) 111, 112
Greither 9 (Weilheim) 115
Grenzebach (Hof-Biergarten in Stillern) 75
Haarsee 151
Habach 165
Hardtkapelle Haunshofen 143 – 145
Haunshofen 143 – 145
Herbig, Michael »Bully« (Regisseur) 97
Herrschinger Bucht 89
Heuwinklkapelle (Iffeldorf) 173
Hohenfurch 17
Hohenpeißenberg 53
Huglfing 123
Iffeldorf 171, 173
Ingenried 21
Islamisches Forum Penzberg 179
Johannifeuer (Bad Bayersoien) 45
Kandinsky, Wassily (Künstler) 131, 133, 177
KinoP. (Penzberg) 181
Klosterhof Polling 95
Lagerhaus (Kino in Schongau) 37
Landschaftsweiher (Raisting) 85
Lechbruck 15, 17
Legenden im Pfaffenwinkel 146
Litzauer Schleife 15
Lucky Lake Festival (Raisting) 85
Luftsportverein Weilheim-Peißenberg 67
Lugenauer Sec (Böbing) 51
Magnetsrieder Hardt (Naturschutz-

gebiet) 149
Mailauf (Antdorf) 167
Malerweg (Sindelsdorf) 177
Mann, Thomas (Schriftsteller) 99
Marc, Franz (Künstler) 133, 177
Märchenwald (Schongau) 39
Mariae Himmelfahrt (Hohenpeißenberg) 54
Mariae Himmelfahrt (Stadtpfarrkirche Weilheim) 103
Marienmünster Dießen 79
Marnbach 139
Mauerstetten 21
Maxbrauerei (Altenstadt) 27
Maxtor (Schongau) 31
Münter, Gabriele (Künstlerin) 131, 133
Murnau 129, 131, 135, 137
Neue Bergehalde (Peißenberg) 71
Oberhausen 91, 93
Ohlstadt 159
Osterseen 171
Osterzell 21
Pähler Schlucht 155
Paterzell 65, 67
Peißenberg 47, 69, 71, 73
Peiting 41
Penzberg 179, 181, 183, 185
Polling 95, 97, 99
Raisting 81, 83, 85
Raritätenstadl Polling 97
Riegsee 135
Rigi Rutsch'n (Peißenberg) 73
Rötelstein 159
Rottenbuch 47
Sachsenried 21
Salvatorkirche (Weilheim) 117
Schloss Hirschberg 151
Schloss Höhenried 161
Schlossmuseum Murnau 131
Schnalz (Wandergebiet) 47
Schönach (Fluss) 19
Schongau 15, 31, 33, 35, 37, 39
Schongauer Brauhaus 35
Schwabsoien 19
Seeshaupt 175
Seeweg (Weilheim) 121
Sindelsdorf 177
Soier See 49
Staffelsee 63, 129, 133, 137
Starnberger See 175
Steingaden 23, 25
Stillern 75
Stöttwang 21
St. Johann Baptist (Wessobrunn) 61
Uffing am Staffelsee 129, 137
Via Claudia Augusta 17, 29
Via Raetia 29
Village (Habach) 165
Vogelschutzgebiet Ammersee Süd 87
Walderlebnispfad Peiting 41
Waldstraße 4 123
Weilheim 101 – 121
Welfenmünster (Steingaden) 25
Wessobrunn 59, 61
Wessobrunn, Kloster 59
Wieskirche (Steingaden) 23
Zum Goldenen Stern (Deutenhausen) 141

»66 Lieblingsplätze«

für Einheimische, Besucher und Neugierige

Von einsamen Winkeln im Münsterland bis zu angesagten Bars in Berlin, Frankfurt und München. Von Expeditionen ins Wattenmeer bis zum Watzmann. Von südlichem Bozner Flair bis zu nordischer Frische auf Rügen, Sylt und in St. Peter-Ording: Lernen Sie die *Vielfalt Deutschlands, Österreichs, der Schweiz und Italiens* mit den Lieblingsplätzen kennen.

Unsere Novitäten

978-3-8392-1710-8

978-3-8392-1708-5

978-3-8392-1704-7

978-3-8392-1703-0

978-3-8392-1705-4

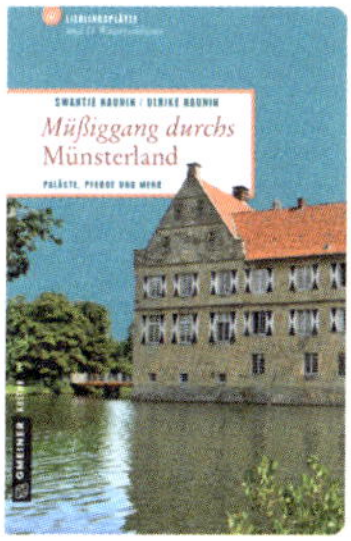

978-3-8392-1707-8

978-3-8392-1706-1

978-3-8392-1709-2